沈葆桢

（1820—1879）

福建历史文化名人丛书
福建省社会科学界联合会 编

沈葆桢

中国近代船政奠基人

沈 岩 编著

海峡出版发行集团 THE STRAITS PUBLISHING & DISTRIBUTING GROUP | 福建人民出版社 FUJIAN PEOPLE'S PUBLISHING HOUSE

图书在版编目（CIP）数据

沈葆桢：中国近代船政奠基人/沈岩编著. --福州：福建人民出版社，2017.2（2020.11重印）
（福建历史文化名人丛书）
ISBN 978-7-211-07239-2

Ⅰ. ①沈… Ⅱ. ①沈… Ⅲ. ①沈葆桢（1820～1879）—生平事迹 Ⅳ. ①K827=52

中国版本图书馆CIP数据核字（2015）第270847号

沈葆桢
SHENBAOZHEN
——中国近代船政奠基人

作　　者： 沈　岩
责任编辑： 满　艺
出版发行： 福建人民出版社　　**电　　话：** 0591-87533169(发行部)
网　　址： http://www.fjpph.com　　**电子邮箱：** fjpph7211@126.com
地　　址： 福州市东水路76号　　**邮　　编：** 350001
经　　销： 福建新华发行（集团）有限责任公司
印　　刷： 福建省金盾彩色印刷有限公司
地　　址： 福州市金山浦上工业区D区24幢
开　　本： 710毫米×1000毫米　1/16
印　　张： 7.75
字　　数： 86千字
版　　次： 2017年2月第1版　　2020年11月第2次印刷
书　　号： ISBN 978-7-211-07239-2
定　　价： 25.00元

总 序

李 红

社会科学承载着“认识世界、传承文明、创新理论、咨政育人、服务社会”的重要功能，是人类赖以传承的精神支柱。近年来，福建省各级各部门认真贯彻《福建省社会科学普及条例》，社会科学普及工作扎实开展、稳步推进，通过举办全省社科普及宣传周、建立社科普及基地、开办社科普及讲坛等社科普及咨询平台载体，其制度化、常态化、大众化工作取得了明显成效。

习近平总书记指出，文化是民族生存和发展的重要力量，中华优秀传统文化已经成为中华民族的基因，植根在中国人内心，潜移默化地影响着中国人的思维方式和行为方式。福建文化是中华文化中极富特色的一部分，深度融入了中国文化的进程，展现出突破陈规、积极进取、兼容并包、锐意创新的胸襟和气魄。向大众传播福建优秀的历史文化知识，是福建省社科普及工作的重要内容。以接福建地气、讲福建故事、塑福建形象、续福建文脉的姿态编辑出版的“福建历史文化名人丛书”，既较为全面地展示了福建文化深厚的历史底蕴和丰富的人文精神，也为福建当下的社会文化建设提供了有益的资鉴。“福建历史文化名人丛书”所包含的朱熹、林则徐、严复、陈嘉庚等人物传记，记录了福建文化之于中国历史的影响，同时也以人物史的叙述方式生动地展现出中国人文精神的风骨和传统文化的传承。

今天，我们提倡和弘扬社会主义核心价值观，必须从中华优秀传统文化中汲取丰富营养，否则就会缺乏生命力和影响力。“福建历史文化名人丛书”记录了福建历史文化人物的价值观践行轨迹，重温了这批福建历史文化乃至中国历史文化史上重要人物的生命历程，以浅显晓畅、通俗易懂的叙述方式讲述了中华优秀传统文化传承的当代意义，开辟了社会科学知识进入千家万户的新路子。

“最忆市桥灯火静，巷南巷北读书声。”一套好的社会科学普及丛书，总是能带动起读书的风气。将学习作为一种追求、爱好和健康的生活方式，也是“福建历史文化名人丛书”所期望实现的目标。在文字中领略福建地域文化魅力，在阅读中传承传统文化养分，在感悟中提升人文道德情操，社会科学普及丛书的出版，可谓正当其时。

（作者系福建省人民政府原副省长，福建省政协原副主席）

目　录

引　言

说起沈葆桢，有必要先谈另一位著名的历史人物——林则徐。他俩有什么关系呢？

林则徐（1785—1850）和沈葆桢（1820—1879），原先是舅舅外甥的关系，后来又多了一层关系，即岳父和女婿。既是内舅又是外舅（岳父又称外舅）。

这一前一后的两代人，人生轨迹有着惊人的相似之处。都出身于穷知识分子家庭，父亲都是教书先生。两位都是20岁中举人，二十七八岁中进士（随后当翰林院编修，升为监察御史），36岁外放，到外地当官（林则徐当杭嘉湖道道员、沈葆桢当九江知府），都当过巡抚（林则徐48岁当江苏巡抚、沈葆桢42岁当江西巡抚），都当过两江总督。两江即江苏、江南两省，当时江南省含现在江西、安徽两省，两江管辖的范围相当现在的江苏、江西、安徽三省和上海市。两位都是积劳成疾，病逝在任上，一个病逝在路上，一个病逝在署上。

沈葆桢

林则徐是近代“开眼看世界第一人”，是提出“师夷长技以制夷”思想的人。有趣的是，他是首创者，而沈葆桢则是继承者。

两人性格脾气也很相像，都勤政廉政，坚韧不拔、作风严谨务实，忧国忧民，刚正不阿，有血性、有骨气。

林则徐虎门销烟，震撼了世界。他是伟大的爱国主义者，杰出的政治家。那么沈葆桢呢？也是杰出的政治家，伟大的爱国主义者。所以，左宗棠说沈葆桢“贤哉似舅”。陈宝琛说，福建近百年来，最著名的大臣就是林则徐和沈葆桢。所谓“吾闽百年来，名臣最著者数侯官林文忠、沈文肃二公”。

沈葆桢故居
沈葆桢
福建省级文物保护单位
沈葆桢故居
福建省人民政府 一九九六年九月二日公布
一九九七年九月立

第一章

清　正　好　学

沈葆桢出生的家庭使他既传承了沈家的好传统，又继承了林家的好家风，从小就养成了勤奋好学、安贫乐道、清正刚毅的好品格。

诗礼传家

沈葆桢的成就和一生清名，首先得益于他的家庭。家风好，家教好。

沈葆桢故居的厅堂上挂的是“文章华国，诗礼传家”对联。文章自古就有“经国之大业，不朽之盛事”的美誉。文章千古事，是可以光耀国家的。而诗礼是传家之宝，《论语》就说道，不学诗，无以言；不学礼，无以立。所以，古人很重视文章诗礼。查一查族姓，可以看到许多家谱都把这八个字作为辈分来排序，许多家庭都悬挂着这副楹联，目的就是诗礼传家，让子孙牢牢记住它。沈家厅堂挂上这样的对联，也是期望子孙能学诗学礼，光宗耀祖。这种家风，实际上是许许多多有识之士的家风。林则徐的父亲林宾日，老时题了一副厅堂联：粗菜淡饭好些茶，这个福老夫享了；齐家治国平天下，此等事儿曹为之。

沈葆桢先世由浙江湖州竹墩移居杭州。湖州是沈氏南迁后发祥的地方。沈氏宗谱，传承有序。梁代沈约就有考略，编纂自周文王第十子聃季到梁代的世系。唐代有颜真卿《沈氏述祖德碑阴记》。宋代有沈括修的谱表。又有沈启承编纂的宗谱。据《新唐书》记载，春秋时，沈国被灭后，子孙以国为氏。传到东汉时，光武帝封沈戎为海昏侯，沈戎辞

沈葆桢故居

廪生：成绩名列一等的秀才称廪生，廪生可获官府发给银子和粮食补助生活。

不受，举家移居江南吴兴，后代在此繁衍，枝荣叶茂，后代遂以“吴兴发祥”为郡望。沈葆桢的祖上从杭州到福建来，传到他是第五代。前面三代都为幕友，就是管理钱谷的师爷。一般人认为师爷的名声并不好，总给人精于算计、仗势欺人的印象。但沈家祖上可不一样，看重气节。

高祖父沈子常帮人家管理钱谷，一看主人，二劝主人。首先要看什么样的主人，主人不贪财，重名声气节，他就留下来；主人是贪得无厌的，就洁身而去，不与之为伍。曾祖父沈锡九也是这样，帮人理财，从不贪小便宜。祖父沈学圃经常告诫家人，幕友“无官之责，有官之权，易于为非”，一定要培育好自己的根基，不然容易变坏。

诗礼传家，安贫乐道。在这种家风的熏陶下，沈葆桢的父亲沈廷枫（1787—1870）养成诚实忠厚、“好读书，寡言语”的性格。他很聪明，读了很多书，在乡里名望很好。年轻时就通过了三年一度的州府考试，成为廪生。

沈廷枫以教书为主要生涯，学生中有1人中状元，6人中进士，11人中举人。清代福建省第一个状元——林鸿年就是他的学生。林鸿年生于1805年，是个遗腹子，孤儿寡母住在福州北门附近的偏僻山村，生活十分困难。沈廷枫让他与林氏的其他子弟一起免费入塾。林鸿年从小聪颖过人，勤奋好学，1828年考中举人，比老师还早5年中举。第二年赴京会试落第，但毫不气馁，

写下“状元二字难消去，我亦摩挲铁砚来”的诗句。8年后，1836年，终于中了状元。

沈廷枫自己在科考道路上却始终不顺利，46岁才中举人，随后三次北上会试均名落孙山。

伯父沈廷槐（1781—1853）与林则徐、梁章钜相识于鳌峰书院，师从教育家郑光策。林则徐通过其伯父认识其父。看过沈廷枫的文章后，林则徐对其十分赏识。后来，林则徐将六妹林蕙芳许配给了沈廷枫。

沈葆桢的母亲林蕙芳（1794—1865）在娘家时，就经常旁听她父亲在私塾的讲课，听她兄长与朋友吟诵，也略知经史子集。父亲常常感慨：“可惜你是个女孩，不然学问肯定不在你兄长之下。”林宾日教学方法不同于一般教书先生，教育态度既讲究又开明。他不只注重追求学问，还注重品格修养；不求死背，不求体罚，循循善诱，让学生循序渐进，因材施教。在他教学的五十年间，中举或考上进士的多达数十人。

母亲娘家家境贫寒，靠父亲授徒维持生计，母亲和姐妹们要做针线活补贴家用。她小小的年纪，总是埋头干活，从不言苦。

嫁到沈家后，对娘家的接济，她总是婉言谢绝，反而还常接济比自己更为困难的家庭。有人不理解，说自己家这么困难，为什么还接济人家。她说：“他们比我家困难，能让他们多活几天，就多几天的机会，我只是尽点心意而已。”其父林宾日乐善好施，她的乐善好施就是从娘家带来的好家风。

沈葆桢出生在这样的家庭，既传承了沈家的好传统，也承继了林家的好家风，从小就养成了勤奋好学、安贫乐道、清正刚毅的好品格。家风就是家庭文化，好的家风培养好的人品。

教子有方

养不教，父之过。沈葆桢的父亲是位教师，对儿子的管教是非常严格的。

虽然沈家家庭生活拮据，但为了培养孩子，他舍得投资。有一次，私塾先生告诉他，有一本书不能不读，他毅然把身上的衣服抵押了给儿子买书。

沈葆桢幼时聪明好学，善于思考，常常向他的父亲提出许多问题。他父亲都能认真启发他。读《礼记·檀弓》时，沈葆桢向他父亲提出了一连串古代丧礼的问题。父亲不但详细地解答了他的疑问，还教导他："读书要了解作者并研究他所处的时代背景，设身处地地去思考。"沈葆桢日后办船政那种乐学重教、精益求精的精神，和父亲的循循善诱不无关系。

沈廷枫很留心儿子的每个进步。沈葆桢中了秀才、升为廪生、中了举人，父亲都及时地给予鼓励，也及时地教导他不要骄傲。沈廷枫常对他说："汝进取有基，可喜。少年侥幸，易自满，尤可忧。"既激励他，又鞭策他。

母亲是子女的第一任教师。传统的女性，其主要任务就是相夫教子。沈葆桢的母亲林蕙芳聪明贤惠，教子有方。

沈葆桢所学经书，都是经母亲一手抄录的。一方面，是因为字迹小，母亲怕影响小孩的视力；更重要的是，亲自手录的艰辛，所花的心血，给小孩带来的是母爱的关怀，是一种温馨和勉励。家庭教育的可贵和母爱的良苦用心，跃然纸上。

母亲"无疾言厉色"，用现在的话说，就是采用平等式的、启发式的教育方式。而且"为之逐字讲解"，把书中的故事讲得

生动活泼，高兴时喜形于色；有时还“恻然悲之”，流着泪解释书中的内容，帮助他理解，明白做人做事的道理。

沈葆桢贪玩，书读不进去。作为母亲的她想出了个好办法，即把经书做成玩具式的小书，让他边玩边学，终于有了成效。

沈葆桢幼时体弱多病，而且十分胆小，晚上听到鸟叫、猫叫，就钻到母亲的怀里。有时受惊就生病。母亲为了让孩子固气壮胆，想了几个办法：一是不能让孩子娇气，四岁就让他读书，让他自立。她认为大声朗读，可以“舒其气，气舒则百脉荣”，读书可以强身。二是以英雄人物“万死一生，百折不回”的事迹来激励他，并问他这些人的胆量从何而来。沈葆桢开始回答说：“是生而俱来的。”他母亲和颜悦色地说：“不是的，儿子！人都是有胆的，心虚了才胆怯。”这让他明白了一个道理：“无愧于心，故气盛；气盛，故胆壮。”给少年沈葆桢打了精神上的强心针。明白了这个道理，母亲就鼓励他在遇到鸟叫猫叫时，设问一下自己，有没有心虚，有没有做对不住人家的事情。没有，就没什么好怕的。三是试着说一些有关鬼的故事。让他夜走小巷、墓地，使他的胆量增强起来。沈葆桢的成长变化，终于使母亲感到十分高兴，说：“孺子可教也！”这就是家庭教育，这就是母爱的力量。

相承林则徐

舅舅林则徐对沈葆桢的影响是十分深刻的。实际上，舅舅就是他的榜样和导师。

林则徐虽然在家的时间不多，但他无时无刻不在影响和教导着这个外甥。林则徐直接教导沈葆桢有两段时间，一是道光四年

（1824年）8月，林则徐的母亲病故，回籍丁忧，守制三年。道光七年（1827年）10月，林则徐的父亲病故，又回籍丁忧，守制三年。这两个时段，沈葆桢是5—7岁和8—10岁。沈葆桢天资聪慧，勤奋好学，知书达理，有悟性，善思考，甚得舅舅钟爱。

沈葆桢小时候，林则徐经常出对子与他对对，对的对子很多，可惜多数没有传下来。现在流传下来的就这一对，但已很能说明问题。林则徐出上联：鱼名弹瑟，沈葆桢随口就对下联：鸟唤提壶。对得十分贴切工整。福州方言中，“弹瑟”就是鲶鱼，俗称胡子鱼；“提壶”，谐音，就是鹈鹕，食鱼的大型水鸟，不是叫鸬鹚的鱼鹰。

沈葆桢自幼嗜书好学，是舅舅藏书楼的常客。林则徐故居在福州文灶北路，当地人俗称为“垃圾山”的地方，后来取个谐音的雅号——文藻山。这里靠闽江边，地势较低，每逢春夏，闽江上游山洪暴发，这里的房屋常被水淹，当地人常称这里是“大水厝”。只有家庭经济困难的人才长期住在这里，是有名的“贫民窟”。家境好转的家庭，很多都搬走了。林则徐历官14省、统兵40万，却安心在此养老，足见其为官清廉的本色。林则徐的卧室就是他的藏书楼，名曰“七十二峰楼”。林则徐嗜好藏书，潜心搜罗各类书籍，贮书“积三十余楹”。被贬谪伊犁时，大车7辆、载书20箧随行。临行前还赋诗“纵使三年生马角，也须千卷束牛腰”。沈葆桢就是在这种环境下长大的。他嗜书如命，一到舅舅家，就钻到“七十二峰楼”的书堆里。专心研读，时有心得。每每废寝忘食，常常是表妹喊他下楼吃饭，才掩卷下楼。

沈葆桢看书时经常会思考问题，遇到不懂的地方就问舅舅，也经常把自己的想法告诉舅舅。有些想法还相当有见地，让林则徐颇

为惊讶。按现在的说法，小小的年纪就善于联想，敢有逆向思维，富有创新思维。

有一则舅舅改诗的故事。沈家诗礼传家，沈葆桢自幼就学习诗词。有一次，沈葆桢写了一首咏月诗，其中两句是“一钩已足明天下，何必清辉满十分”。甚为得意，就工工整整地写给林则徐过目。林则徐看后，改了一个字，即“一钩已足明天下，何况清辉满十分”。一字之改，诗的境界陡然提升，让少年沈葆桢深受启发。沈葆桢的诗词格调高，和林则徐的教导不无关系。

正因为沈葆桢聪明好学，道光十二年（1832年）沈葆桢13岁时，林则徐就决定将次女普晴许配给他。并给他取字“葆桢”，寄予厚望。沈葆桢原名振宗，字翰宇，林则徐帮他改字后，就以葆桢之名行世。桢干，指的是古时候筑墙用的木柱，竖在两端的叫桢，竖在两旁的叫干。由于桢干是古建筑的重要构件，因此常常以它来比喻国家的栋梁之才。汉匡衡《上政治得失疏》云“朝廷者，天下之桢干也。”《三国志·吴志》记载，姚信、楼玄、贺邵、张悌、郭逴、薛莹等“皆社稷之桢干，国家之良辅”。可见舅父之识人和良苦用心。道光十三年（1833年），沈葆桢的父亲沈廷枫中举后，第一次上京应试。上京时，沈廷枫把沈葆桢带到江苏，交给林则徐管教，自己赴京应试，到第二年春天才回来。返还时，才把沈葆桢带回福州。林则徐当时任江苏巡抚，也有意让沈葆桢锻炼锻炼。当时，沈葆桢14岁，舅舅让他锻炼的第一件事就是让他看文书，了解公文一般格式和文法。接着，让他抄写奏折文稿，要求极其严格。舅舅一边叙述，外甥一边抄写，字斟句酌，反复修改，誊写好了再看了又看，有不满意的地方，便从头再来。沈葆桢耐心地陪着，抄抄写写，反复抄，反复写，有时通宵达旦，彻夜改了抄、抄了改，始终毫无怨言。这实际上是一种历练，也是舅舅年轻时的历史重演。据说，张师诚任福建巡抚时，依惯例要给皇帝呈送拜折，正想找一位书法写得好的人抄写。在翻阅各地送来的贺帖中，发现林则徐的贺帖写得最好。于是召其来代写拜折。写的过程中，数度修改重抄，时值除夕，署外连放爆竹，林则徐却不为所动，依旧工工整整地继续抄写，让张师诚十分满意。张巡抚也从中看到林则徐的为学和人品，此后则聘其为幕僚。

沈葆桢在舅父的亲手指导下，进步很快，学到了许多书本上没能学到的东西。当年十一月，林则徐以江苏灾荒严重，奏请缓征漕税，道光帝严旨诘责。十二月，林则徐单衔上书陈江苏钱漕之重，被灾之苦，坚请缓征，以“暂纾民力”。最后，清廷不得不允其所请。林则徐这种为民减负的做法和坚韧不拔的作风，给少年沈葆桢留下了深刻的印象。林则徐当时还编有一本种稻的书《江南催耕课稻编叙》，并且在抚署后园置地，雇老农试种湘、闽各类早稻，以便推广。舅舅务实的作风、试验的做法，也深深地刻在他的脑海里。

沈葆桢从小就开始练字。初学即与众不同，甚有乃父乃舅以及乃伯父的神韵。舅舅林则徐的书法端重安详，有一股凛然正气。伯父沈廷槐，也是著名书法家，写得端庄工整，常常为林则徐代笔。“字体相同，几可乱真”。父亲沈廷枫，书法也是一流。都是传统端庄，可谓家风使然，一脉相承。

沈葆桢在他们的严格管教下，书法循规蹈矩，尤其是楷书，然又与乃舅、乃伯父、乃父不同，显示出强烈的个人风格。

沈葆桢成为林则徐女婿后，翁婿常有书信往来。林则徐通过书信的形式，影响他，教育他。沈葆桢也常常把写好的文稿寄给舅舅批改。在林则徐的日记中，常可看到“阅沈婿文字”的字眼。沈葆桢进士后在北京以庶吉士入庶常馆教习三年，经常给舅舅寄京报，有一次写信说以后不寄了。林则徐马上回信说，那我不成了聋子了吗？林则徐是开眼看世界的第一人。他对世界的变化，对时事、信息非常关心，其求知欲望和活到老学到老的精神对沈葆桢也是一种言传身教。

沈葆桢对舅舅感情深厚，常常以他为榜样处理政务，所以，大家总感到沈葆桢的为人为政，很像林则徐。后人盛赞他们两位是“冰清玉润，一脉相承”。

两位恩师

再说一说老师对他的影响。沈葆桢的老师很多，有两位是不能不谈的。

一位是刘建韶。刘建韶，字闻石，一字克和，福建长乐人，道光十五年（1835年）乙未科进士。曾任宝鸡知县。道光十七年（1837年）充任丁酉科陕西乡试考官，陕西韩城知县，后调临潼知县，升定远同知，候补知府，署兴安、榆林知府。为官清廉奉公，尤能振兴文教，士民多称颂之。他是父亲沈廷枫的同窗，也是舅舅林则徐的挚友。因此，少年沈葆桢就拜他为老师。林则徐很器重这位老师，亲自写信要他“严明训迪”。沈葆桢中进士时，林则徐特地写信表示感谢。这也说明，这位老师对沈葆桢的影响是很大的。

另一位是林昌彝。林昌彝，字惠常，又字芗溪，号五虎山人，侯官人。道光十九年（1839年）举人，咸丰年间曾任武夷五曲书院山长。喜欢旅游，生平足迹半天下；喜欢读书，舟车之中，手不释卷，而且健谈，夜深就枕，犹畅谈经史。

林昌彝是著名经学家，爱国诗人。他留心世务，谈到不平等条约就激昂慷慨。他写的《靖逆十二策》《拟平逆策》得到林则徐的好评。林则徐十分赞赏依靠民众的力量与英国侵略者进行持久斗争的做法，说“此百战百胜之长策”。林昌彝著有《射鹰楼诗话》，在中国近代诗话史上占有重要地位。林则徐评价他的诗：“采择极博，论断极精，时出至言，阅者感悟，直如清夜钟声，使人梦觉。”

有一个小故事，说道光十九年（1839年）林昌彝与沈葆桢同时参加乡试。考后，林昌彝做了一个梦，梦见两人都中了举人，沈葆桢中第2名，林昌彝中第82名。发榜后，林昌彝的捷报先到，是第83名，林昌彝“欢喜若狂”。看到老师这么高兴，沈葆桢却说：“中了举人有什么，何必这么高兴呢。”过了不久，沈葆桢的捷报也来了，中了第3名。林昌彝过来祝贺他，这时沈葆桢已入睡，赶快起来，穿衣服，穿袜子。但一只袜子穿好后，另一只袜子一直找不着。林昌彝看到后，哈哈大笑，说：“我捷报来时，你说我太高兴了，你自己呢？”

光绪二年（1876年）林昌彝病逝，沈葆桢十分悲痛，时任两江总督兼督办南洋海军事宜，十分繁忙。他闻讯马上写信给长子玮庆，要他送去挽联。联句他自己拟好写在信里：

总角待龙门，风雨啸歌，许以传心如昨日；

轻装归马渎，波涛咫尺，失之交臂竟终天。

流传的联句是：

总角侍龙门，风雨啸歌，许以同心如昨夜；

轻装归马渎，波涛咫尺，失之交臂恨终天。

后联改动四个字，除夜字外，不见得好，原作的感情更为深厚、朴实、亲切。

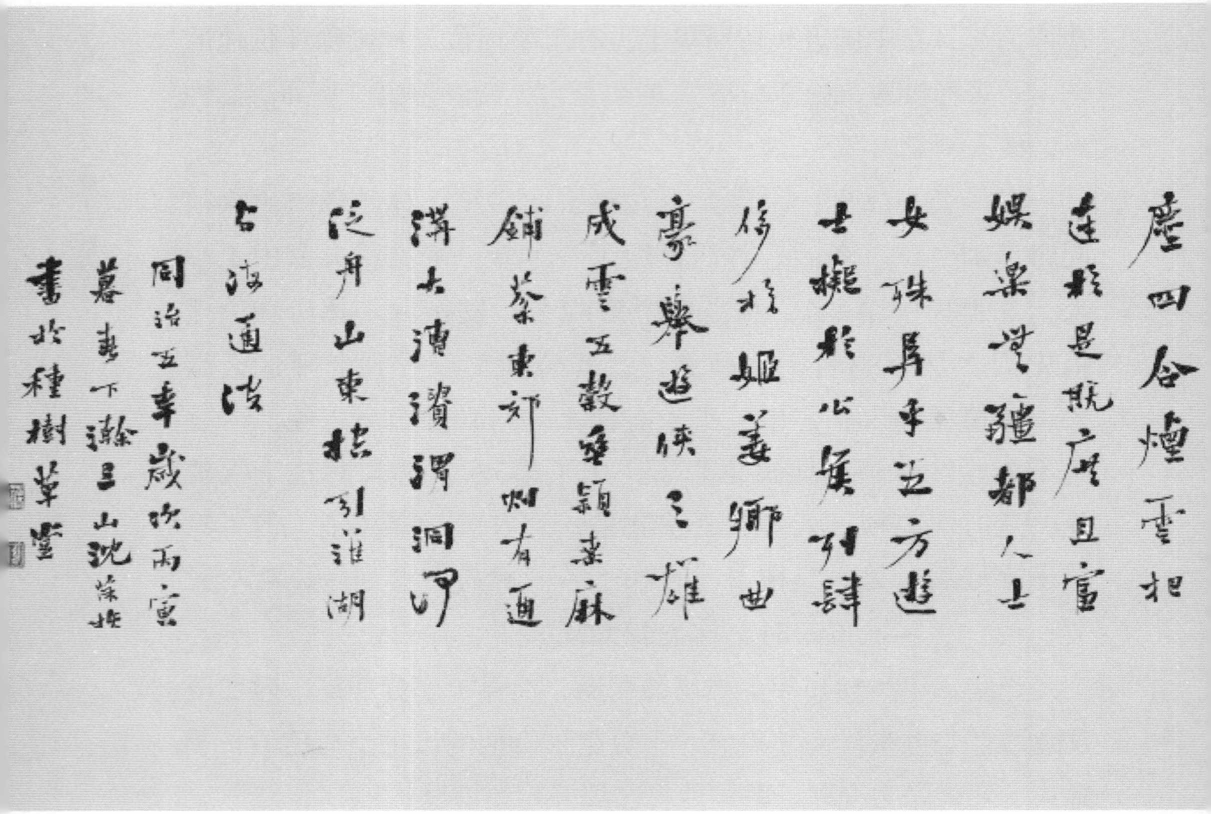
塵四合煙雲相
連於是既庶且富
娛樂無疆都人士
女殊異乎五方遊
士擬於公侯列肆
侈於姬姜鄉曲
豪舉遊俠之雄
成雲五穀垂穎桑麻
鋪棻東郊則有通
溝大漕潰渭洞河
泛舟山東控引淮湖
與海通波
同治五年歲次丙寅
暮春下澣吕山沈葆楨
書於種樹草堂

第二章

初入仕途

沈葆桢当御史时针对国家制度和社会时弊提出问题，上了很多奏折，也因此得到了咸丰帝的赏识。

考取功名

在父辈和老师的培养下，沈葆桢打下了良好的根基。成年后，通过科考，步入仕途。

通过科考步入仕途，这是当时知识分子的常规选择。道光十九年（1839年），20岁的沈葆桢中了举人。但随后三考三落第。这是举子们的无奈，全国三年一科才中300人，平均一年100人，命中率很低。当年的林则徐也是二考二落地。沈葆桢比他多了一次 “万寿恩科” （1841年道光皇帝六十大寿，改会试正科为“万寿恩科”）的机会。

第三次，沈葆桢是和他父亲一起参加会试的，结果都落第。父子俩都是三次参加考试，每次都要住在京城半年，花费极大。他父亲当年已经58岁了，靠设馆授徒那一点收入，一般只能维持半年生计，加上在京城应考，不能设馆授徒，其艰难程度可想而知。

又过了三年，道光二十七年（1847年）丁未科会试，沈葆桢第四次参加考试，终于考中了进士，是二甲39名。同科进士有李鸿章、冯桂芬、郭嵩焘等，都是日后的重臣。当时，沈桂芬二甲第8名，李鸿章是二甲36名，郭嵩焘二甲60名。

中进士后，按部就班，两三年一提拔。清朝规定进士都要在翰林院进修，进庶常馆学习当庶常吉士，一般三年，合格者授翰林院编修（正七品）。翰林院官员授职后，每隔几年再进行考试，称为“大考”。考后按成绩分为四等确定升降（一等重用，二等升级，三等不升不降，四等降级）。三年后再参加监察御史选考，合格的记名御史。当三年御史，有了缺，才外放使用。这叫熬年头。沈葆桢也只能这样，三年后编修，又三年后记名御史。

当他升为监察御史的时候，机会终于来了。

三封奏折

咸丰四年（1854年），沈葆桢补授江南道监察御史。监察御史是言官，谏官，可以向皇帝直奏。有些御史就专门挑刺，专门整人，像张佩纶那一班清流派，就经常弹劾人，并以此出了名，让“百官震撼”。沈葆桢当御史不把精力放在针对个别人上，而是针对国家制度和社会时弊来提出问题。在任御史期间，他上了许多奏折，其中有三封很值得一提。

这三封奏折是《奏请饬统兵大臣乘胜东下折》《奏请弁兵分隶郡县折》《奏请变通钱法折》。这三封奏稿的主要观点如下。

请朝廷授予曾国藩统兵大权，以利于对太平军的作战。并建立长江大队水师，水陆并进，挥师东下。

清代武备，是八旗和绿营兵。白莲教起义（1796—1804）时绿营兵已不得力，于是起用地方团练。结果“文员带勇，武员带兵”，见有好处就争，要打仗就推诿，军令无法统一。沈葆桢建议文武合一，军民联防，赋予郡县以兵权。

沈葆桢的观点是很有胆识见地的。曾国藩当时就是办团练起家，逐步形成名噪一时的湘军。与太平军作战，湘军起了重要作用。按清廷规定汉人是不能统兵的，也很忌讳汉人执掌兵

权，危及满人的政权，所以非常犹豫。作为监察御史的沈葆桢敢于直言，请饬统兵，难能可贵。但这时的咸丰帝已被太平军搞得焦头烂额，不用汉人地方团练形成的军队，已难以挽回败局。但把军权交给汉人，整个政治军事格局都会发生重大变化。9月13日，清廷还是发出谕旨，赏署曾国藩兵部侍郎衔，办理军务（太平军攻陷苏州，咸丰十年即1860年，加兵部尚书衔，署理两江总督）。虽然，挥师东下并没有达到“一鼓荡平”的乐观估计，但从此以后，改变了满人统兵的历史，汉族官僚掌控兵权的局面一直延续到清朝灭亡。

赋予郡县兵权的奏折，朝廷没有采纳。这是一种制度性的改革，涉及各种利益集团尤其是满汉官僚集团利益的调整，朝廷显然会投鼠忌器的。

在第三封奏折中，他看到了当时的通货膨胀极为严重，“钱日贱，物日贵”“领饷四千，仅抵二千余之用耳”，用现在的话说，名义工资四千，实际工资才两千多。

通货膨胀的原因，是由于白银外流，官方以白银为征税标准，还有“私铸繁兴”，毁制钱铸大钱，发钞没有白银做保障无信用，造成银贵钱贱，比价从1∶700到1∶2300。农民一石米卖3000文，过去可换白银四两三，现在只有一两三。

再是，提出了我们现在常说的宏观调控手段，即财政货币政策：

根据货币升值贬值来发放货币，货币升值就多发，反之少发，权力要集中在中央，使百姓得到好处。发行纸币要与白银挂钩，相对固定白银与制钱的比率，按每两2000文钱再根据地区不同调整。

征收部分谷帛实物，减轻农民负担。对于拿廉俸的人来说，“钱与谷帛各半”，则可减少拿名义工资的损失，所以一举两得。

任御史要有胆有识，沈葆桢的三篇奏稿确实有一定分量，因此得到咸丰帝的赏识。当年，沈葆桢就被记名以知府用。

第三章

脱颖而出

咸丰六年四月，沈葆桢任广信知府。广信告急，沈夫人林普晴血书求援，夫妇俩死守广信，广信保卫成功，沈葆桢也因此官场扬名。

咸丰五年（1855年）二月初二沈葆桢被破例提前外放，出任九江知府，但九江城已为太平军攻下，他无任可上，故应曾国藩之邀，先到南丰曾营营务处当幕僚，管理文书奏报、军队调动、粮饷补给等工作。六月任贵州道监察御史。

咸丰六年四月，调任广信（今上饶）知府。《大清缙绅全书》指出，广信知府是非常重要的职务。这个府，被列为“最要”，薪金高，年2800两。

当时，江西大部为太平军所占，清军仅踞南昌、赣州、饶州、广信四府，曾国藩孤军困处南昌。太平军又从抚州东进饶州、广信，广信府属之弋阳、铅山、贵溪相继失守。八月初，沈葆桢筹饷河口（现铅山）。太平军自吉安破新城、泸溪、金溪。十四日围广信。郡城“人心惶惶，吏民铺户，迁徙一空，署中童仆，纷纷告去。”沈夫人林普晴只好向玉山守军血书求援。

血书求援

沈夫人林普晴，是林则徐偕夫人从杭嘉湖道回福州，在福建瓯宁县（今福建省建瓯市）的船上出生的。到家后，祖父起名普晴，因出生时月明如昼，像白天一样晴朗。她自幼爱读书，诸子百家诗词歌赋都读过。她比沈葆桢小一岁。青梅竹马，两小无猜。她六七岁时，有一次，长辈们在议论表兄弟，给她开玩笑，问她，这些表兄弟中，谁最好？答曰：“无逾沈氏兄者矣！”就是说沈葆桢最好。

13岁时，林则徐把她许配给沈葆桢。19岁完婚。婚后到沈家，做家务，下厨房，学做菜，孝敬公婆，一改大家闺秀的习惯，深得好评。有一次，看到一张凭证，就问婆婆，婆婆说是质卷，就是当铺的抵押单，她才知道沈家靠抵押过日子，当即把两个陪嫁的丫环退回娘家去。沈家贫寒，但她不埋怨，极尽做媳妇的职责。沈葆桢上京会试，林普晴不惜典当金镯子等嫁妆，凑齐盘缠，支持沈葆桢进京赶考，从此她改戴藤镯子，并持之终身。虽贵为一品夫人，也不再佩戴金银首饰。《清史稿·沈葆桢妻林》称她“治家有节度，断线残纸，必储以待用”。

林普晴是贤妻，也是沈葆桢公干的得力助手。既是贤内助、廉内助，又是秘书、参谋。印章、文件，都由她保管，也参与起草、誊写。她有胆识，有心计，处事冷静周全。沈葆桢很多事情都征求她的意见。

时值广信告急，林普晴想起了一个老乡——饶廷选。

饶廷选（1803—1862），字枚臣，闽县（今福州市）人，未到20岁即入伍。两次东渡赴台镇压起义。咸丰三年（1853年），任漳州镇总兵。调贵州安义镇总兵，升福建陆路提督。这时，饶廷选任浙江衢州总兵，镇守玉山。于是，沈夫人咬破指头，写了400多字的血书，表达了与广信共存亡的决心，显示出视死如归的气节。

林普晴是林则徐的女儿。林则徐虎门销烟，名声很大，很受尊敬。他的女儿血书求援，深深打动了饶廷选的心。信中说广信失守，玉山难保，也确实在理，所以，以此为由，也出于对林则徐的敬仰，同意出兵。

命悬一线　死守广信

八月初五，普晴血书求援。

八月初六，沈葆桢单骑飞回广信。

八月初七，饶廷选回信，说河道干涸，无法行船。玉山到上饶有一条河，叫金沙溪。没水不能走船。这时，地方绅士劝他们到乡下躲一躲，但沈葆桢只把随从安排到乡下去。夫妇二人留了下来，做了与城同归于尽的准备。当时普晴怀有身孕，怀印倚井（后生下的次女名怀印），做了投井自尽的准备。沈葆桢整整齐齐地穿好官服，手持宝剑，以备非常。

空城一座，如何守？太平军一到，不是自尽就是被杀，如果逃跑，侥幸活下来，朝廷也饶不了你，两江总督（时任浙江巡抚）何桂清就是例子。在太平军进攻江南大营时，本该先派兵营救江南大营，他却退守常州。当常州被包围时，乡绅数十人劝其不要弃城，他命令火枪手射击，打死20多人，然后逃之夭夭。1862年12月被朝廷处死。这时的沈葆桢，在援军说来不了的时候，其痛苦、绝望可想而知。

八月初八，老天有眼，大雨滂沱，河水暴涨。

八月初九，饶廷选带兵千人乘船到了广信。

八月初十起，抓紧部署，出城迎战。太平军以云梯攻城，饶廷选、沈葆桢登城楼指挥作战，沈夫人亲自为将士煮饭做菜，送到阵地，大大鼓舞了士气。太平军奔玉山，企图断广信后路，玉山守军抄近路，出其不意截击，大败太平军。

八月十五，正好是沈夫人35岁生日，于是夫妇祭祀这口井，庆祝渡过险关，获得新生。这应是沈葆桢夫妇一生中共同度过的最难以忘怀的日子。

事后，沈葆桢感激饶廷选“以忠义相急难”，结拜为兄弟。饶廷选因没有军令就出兵，被“革职留营”，然而其并未因此而怨恨沈家，而是以忠义为自豪，特意将普晴血书装裱“悬于客厅，以示宾客”。据饶廷选次子仲馨回忆，曾见原书，血痕狼藉，但杭州失陷后血书丢失了。林普晴才华出众，诗书俱佳。她的书法传承其父，十分工整隽秀，林昌彝曾经请她抄写《三礼通释》呈送给皇帝，可见其书法的精妙。也因为呈送林普晴抄写的《三礼通释》，林昌彝于咸丰八年（1858年）得到建宁府学的教职。林普晴还擅诗，《全闽诗话补编》《清代女诗人选集》都有她的诗作。

林普晴视死如归，血书求援，广信得守，受到朝廷表彰，传记入编《清史烈女传》。

由于广信守城有功，九月，清廷擢沈葆桢以道员，尽先补用。咸丰七年（1857年）闰五月初一日，沈葆桢任广饶九南兵备道员，辖广信、饶州、九江、南康四府。咸丰九年（1859年）六月，赏加按察使衔。

上司的刁难

咸丰七年（1857年）三月，耆龄（字九峰，满洲正黄旗人）由布政使升任江西巡抚。同治元年（1862年），升任闽浙总督。后调福州将军。此人以阴险刻薄、玩弄权术闻名，常常“借公事挑衅”，刁难打击沈葆桢。

比如，河口厘局的开支，化一些银子是正常的。但耆龄却多次指责，还叫布政使三番五次地下文，说局费太高。沈葆桢就裁员，减少开支，裁去几个人后，每月节省一百多两银子，他还不满意。沈葆桢知道是故意找茬，就不退让了，争执激烈时，沈葆桢常常捋起袖子，准备大干一场似的。耆龄只好作罢。

河口茶厘，每月提1.5万银子送给曾营做兵饷，另提一些给祥字营做兵饷，但耆龄却把章程改了，说筹不出钱给祥字营当兵饷。沈葆桢看过章程后，非常气愤，就撕开情面，与其抗争。

九江关一年上交的关税是50万两。当时九江仍在太平军手中，关税收不起来。负责九江关的杨凤山骑虎难下，耆龄却要照应他，说他病了，要沈葆桢去九江。沈葆桢说：“按照原额，一年须赔50万两，你故意把他支开，这不是逼我跳进火坑吗？”

辞官、著书

沈葆桢据理力争，当然得罪顶头上司。沈家祖上就是这个脾气，主人不行就走人。所以沈葆桢以生病函请辞官。这时他弟弟沈琦病逝，父母亲非常悲痛，家里写信来催他回去，终于获准回籍养亲。咸丰九年（1859年）七月，沈葆桢辞官回籍。

这和林则徐的经历极为相似。嘉庆二十五年二月（1820年），林则徐任江南道监察御史，河南南岸河堤缺口，河南巡抚琦善办事不力，引发大水灾，林则徐不惧琦善满洲贵族的背景，向嘉庆帝直奏琦善的无能。他为官清廉，不畏权势，导致同事的猜忌、冷嘲热讽，林则徐因此对官场厌倦。道光元年（1821年），林宾日病危，林则徐以照顾父亲为由辞官而去。

咸丰四年（1854年），沈葆桢补授江南道监察御史开始，到咸丰九年（1859年）40岁，赏加按察使衔，前后5年，有破格升迁的幸运，有命悬一发的感慨，有守土一方的艰辛，有大吏掣肘的无奈。在内忧外患的多事之秋，作为一个要有所作为的官吏，当他摆脱日常繁忙的事务后，安下心来想到的是什么？

一般人是好好休息一下，享受一下人生。但沈葆桢却利用这一段时间，写了一本书。书名是《居官圭臬》，圭臬，就是标准、法度。居官圭臬，就是做官的标准、法度。这是沈葆桢针对当时官场上的弊政，收录历朝历代名臣的格言议论，整理编著的。它纵论古今治乱得失，提出吏治的重要性和道德准则、法律原则。全书分上下两卷，共14章，上卷有《文昌忠经》《孚佑忠诰》《从政汇略》《略政格言》《官长约》《乡绅约》，下卷有《明职》《州县约》《行戒》《活板说》《恤犯篇》《救荒策》《功过格》《政绩》。

其要点如下。

为官的基本原则就是清、慎、勤：居官要清正廉洁，要谨慎从事、如履薄冰，要勤政尽心尽力。

为官的主导思想是爱民。他认为做官就要为百姓谋利益。而爱民的实际行动就是亲民，就是关心民生。要“以疼儿女心疼百姓，以理家务事理地方，悯其饥，念其寒”。其关键有二：一在基层。“州县乃亲民之官吏，只一亲字认得透，做得透，则万事沛然，无所窒碍矣！”二在体察民情。下乡要轻车简从；平易近人，入乡随俗；体察民情，关注民心，凡与民生有关之事，能办即办。他认为官员按此要求认真执行一两年，就会对各乡情况了如指掌，是非好坏了然于心，那么，“何利不可兴，何弊不可除？”

贪官污吏的主要表现：急征暴敛、良恶不分、晨昏荒宴、侵犯民利、沉迷美色，沈葆桢在《守官圭臬》中称此为“五瘴”。

此书还提出官员的岗位责任制、行为准则、树立正反两方面典型、功过政绩的确立等等。

封建官吏能如此，实在难能可贵。沈葆桢说用以自警，也是警世。他本人正是以此为准则，勤政亲民，廉洁奉公，获得“一生清名”。

第四章

江西巡抚

时局严峻，江西巡抚任上的沈葆桢面临着防务吃紧、经济凋敝、财源枯竭、教案棘手等四大难题。他乱中求治，使江西得以休养生息。

1861年，原江西巡抚毓科，因能力平庸被革职。一个月后朝廷任命沈葆桢接任江西巡抚。破格提拔，有上司同僚的推荐，但主要是自己的政绩与才干。巡抚相当于现在的一省之长。他要管理2500万人口的江西，面临的是一堆棘手难题和挑战。

四大难题

时局严峻，江西巡抚任上的沈葆桢面临着四大难题。

一是防务吃紧。

江西为兵家必争之地，是与太平军作战的主战场。太平天国运动从1851年开始到1863年止，历时14年，波及16省。特别在中后期，主要战场就在江苏、浙江、安徽、江西、湖北等江南各省。

1855年太平军占领武汉后，清军在长江中下游的军事形势全部逆转。石达开攻占安徽、江西后，江西的大部分已为太平军所占领。清军仅剩南昌、赣州、饶州、广信四府。主力部队曾国藩的湘军被困在南昌。朝廷紧急调集两广总督叶名琛、闽浙总督王懿德派绿营兵前来救援，还是不能解围。

1860年李秀成破了清军江南大营，接着又攻克苏州、常州。第二年攻克杭州。随后转向江西，江西防务万分吃紧。当时进入江西的太平军已有30万人。

二是经济凋敝。

清军与太平军的作战呈反复争夺的拉锯状态，对生产力破坏十分严重，无论是太平军占领地区还是清军占领地区，到处都是凄凉破败的景象。强劳力当兵，其他人逃难，田地荒芜、饥荒瘟疫，满目疮痍。

三是财源枯竭。

清朝政府为围堵太平军消耗大量财力，加上两次鸦片战争的赔款，国库空虚。只有靠增加税赋来转嫁危机。

当时的财政收入主要有“田赋”“厘金”“关税”三方面。“田赋”，主要包括漕粮和地丁，是农业税。“厘金”，原来是募捐用于战争的，现在是固定征收的各种附加税费。“关税”，即海关税。

江南地区，包括江西一向税负较重。田赋，实收不过半。道理很简单：一是打仗，江西的大部分已为太平军所占领；二是农业收成锐减，到处瘟疫饥荒；三是运河不通，政府改收粮食为收白银，增加了农民的负担；四是各级官员土豪劣绅盘剥渔利，百姓苦不堪言。

厘金，同样收不起来。厘金是专门作为军队的经费用的。曾国藩在江西的湘军5万人，每个月经费要30万两，但当时江西全省只能收到八九万两。

1860年允许英国人在九江通商，同时开始征收关税。九江关税以木排为大宗，主要是食盐、茶叶、毛竹。由于连年打仗，大量木排被烧，而且运河不通，货流不畅。九江关每年应征关税50万两，无法征集。

江西省每月财政支出要30万两，入不敷出，出现大量赤字。

四是教案棘手。

1860年签订的中法《北京条约》规定，允许法国传教士在中国自由传教，归还以前没收的天主教堂、学校、田地等，同意其在各省租买土地，自行建造。由于法国传教士唆使教民干预公事，庇护地方败类，引起各地老百姓的强烈不满和群起抵制。

在贵州、湖南反洋教斗争的影响下，江西也掀起反洋教斗争，捣毁了南昌筷子巷、袁家巷、庙巷三个教堂，砸了教会保护的义和酒店、合太盐店。法国传教士罗安当闻讯逃跑。法国公使出面干预，要求“赶紧惩办”，否则出兵。英国领事也帮腔，以“不日有兵船要来”相威胁。

强兵固省

面对上述四大难题，沈葆桢首先果断采取强有力的军事措施，强兵固省。从整顿军队开始，达到稳定局势、步步为营、节节取胜的目的。

一是自建赣军，自办团练。皇帝曾经下旨，要求沈葆桢招募乡民，训练成军队。沈葆桢奉旨建军，大办民团。

二是调军防卫。除办团练，沈葆桢广调清军赴江西防卫。江忠义的精捷营、席宝田的精毅营、韩进忠的韩字营、王文瑞的老湘营、王德榜的长左营、张岳龄的平江营、王沐的继果营、刘胜祥的祥字营、刘于浔的水师营、刘典的克勇营、段起的衡字营等均相继调入江西。

三是自掌军门。1863年11月，精捷营的江忠义病故，所辖的人马由沈葆桢直接指挥。

四是严肃军纪，赏罚分明。都司陆德胜，侵吞口粮，横行一方，被就地正法；都司朱洪春，报私人恩怨，打死三个人，被就地正法；记名提督黄仁遗，骄横狂妄，不思改悔，沈葆桢将其革职留用，以观后效。黄仁遗被处分后，加强对属下的约束，作战时十分卖力，沈葆桢后又给予嘉奖。

五是坚壁清野。沈葆桢认为，仅靠军队的力量是不够的，必须发动群众，坚壁清野。他要求，大乡每乡自为一堡，小乡合数乡为一堡。各乡有山依山，有水依水，都选择险要的地方筑起堡垒。

乱中求治

怎么样休养生息，恢复生产，搞好经济呢？这又是一个大难题。沈葆桢重锤出击，乱中求治，激浊扬清。

为休养生息，实行减赋措施，先后两次。第一次，年减负378万两。第二次，在第一次基础上减征，再减138万两，其中漕折一项约减了45.7%，其幅度相当大。针对江西的困境和税赋拖欠的现状，沈葆桢还多次请求朝廷豁免。

对土豪、劣绅、奸商为富不仁行为，沈葆桢严惩不贷。代理贵溪县补用知县陆长庆私自下乡，募得捐银3000两，只上缴1000两，私吞2000两，沈葆桢以徇私舞弊、贪污捐项罪将其革职。都司刘青云得知绅士郑克被太平军拉去服役后逃跑，则以“从逆”罪拘捕郑克。郑克的妻子托人疏通，说要送他钱票6张，折375千文，后拿不出来，只给78千文。郑克的父亲求其宽限，刘不依，把他抓起来。结果郑克的父亲自尽。沈葆桢判刘青云诈赃致死，将刘青云绞监候（死缓）。清江县土豪为一乡之利，私自开闸口泄洪，致使数百里田园农舍被淹。沈葆桢到任后，又一次洪水暴发，清江县土豪又一次组织挖堤。沈葆桢闻讯前去制止，将5名主犯正法，并将临江知府单兴诗、代理知县张兴言一并革职。沈葆桢还同贩私盐的外国奸商作斗争。当时，洋商贩私盐是普遍现象，利大风险小。沈葆桢到任后严肃查办贩私盐的洋商、洋船，与外国驻九江的领事交涉，下令省内华商不得代售外国奸商的私盐。并奏请朝廷按约惩办。洋商见冒重大风险而无利可图，便不再打私盐的主意。

沈葆桢一边打击土豪劣绅和奸商，一边举贤荐能，伸张正气。他遍访江西贤士，了解到前翰林院修撰刘绎、道员钟音鸿、进士郑维驹等一批贤达，就委以实职，加以重用。

与曾国藩争饷

1862年，沈葆桢上报朝廷请求将江西漕折五万两留给本省，作为练兵的经费。认为江西防务亟待改善，希望不因江西之无能而影响清军之整个作战部署。他认为江西财政困难，欲“强兵固省”，就要“留本地之财，养本地之勇，卫本地之民”。

第二年，沈葆桢又请求将洋税留在本省使用。朝廷准奏。

第三年，又请求将厘金留给本省支配，曾国藩的军队不得分羹。沈葆桢在江西用于防卫的军队增多，军费短缺更为严重。曾国藩为两江总督，辖江苏、安徽、江西三省，今安徽全省、江苏之富饶地区已收回在清军手中，则曾国藩之军费的大部分不应由江西负担，这是其一；二是江西的防务本应由曾国藩兼顾，今曾国藩不能兼顾，江西之经费则只能养江西之兵了。

曾国藩知道后上疏力争。清廷也要求沈葆桢在九江洋税项下每月拨银三万两给曾国藩。曾国藩又疏请拨江西漕折银五万两，但沈葆桢都不同意。

这就是有名的“沈曾争饷”。

治理教案

沈葆桢治理江西教案，有理有节，柔中有刚。他不捕风捉影，滥杀无辜，不出动军队弹压，而是通过调查，具陈民众痛恨洋教的原因和未能查出首犯的情况。而且把责任揽在自己身上，请求由自己承担责任，交给朝廷严加处分。同时，一方面安抚民众，在省城自建育婴堂；另一方面与传教士谈判，要求罗安当迁离省城到通商口岸九江传教，并建议由官府筹措5000两白银，作为赔修法国教堂之用，交罗安当购买九江百姓愿卖之地建教堂。

罗安当通过法国公使拼命向江西当局勒索、恫吓，要求索赔7万两。1863年4月，罗安当又抵南昌城外，再次引起市民的骚动。沈葆桢利用民众的声势，与其周旋，最后以向罗安当赔款白银1.7万两结案。

沈葆桢处理教案，堪称典范。这与数年后曾国藩以“杀民谢敌”处理天津教案形成鲜明对比。他的揽过的精神也十分可嘉。上面讲到推功，这里是揽过，推功揽过是他的美德。

第五章

船政总理

沈葆桢是首任船政大臣，由于他排除万难，义无反顾，勇猛精进，开拓创新，取得卓越的成效，使船政成为近代史上光辉的一页。

船政衙门

船政，是清廷成立的“总理船政事务衙门”所办政务事务活动的简称。沈葆桢是首任船政大臣，由于他排除万难，义无反顾，勇猛精进，开拓创新，取得卓著的成效，使船政成为近代史上光辉的一页。总理船政，也成为沈葆桢人生中最为辉煌的乐章。

三顾出山

同治五年（1866年）五月十三日左宗棠上奏清廷，建议办学造船，得到恭亲王奕䜣的支持。不到20天，就形成上谕，作了批准。

但新疆西捻军和回民起义，形势吃紧，左宗棠被调任陕甘总督。刚刚立项的船政谁来接管呢？

左宗棠想到了沈葆桢。当时沈葆桢正因为母亲去世辞官回家丁忧。这时，他开了个“一笑来”裱画店卖字，补贴家用。开价是一副对联400文，一石米3000文可买七副半，官居一品，又与清代大书法家何绍基齐名，清贫如此，太不容易了。

左宗棠认为非沈葆桢莫属，理由是：第一，沈葆桢在政界、在当地都有名望，考虑事情严谨周到；第二，皇帝对他有好印象；第三，沈葆桢对家乡的事业很关注，很支持。

左宗棠与福州将军英桂、福建巡抚徐宗干商量。两位都认为非沈葆桢莫属。于是左宗棠三次拜访沈葆桢，与之商请，沈葆桢却始终婉言谢绝。左宗棠只好奏请朝廷，请皇上下御旨要求沈葆桢深明大义，以国家事业为重。同时建议特命沈葆桢总理船政，由清廷颁发关防，凡涉及船政的事由其专奏请旨，以防牵制，以解后顾之忧。

朝廷下旨，沈葆桢只好出山。实际上，他对办船政是很支持的。左宗棠的想法，他十分理解。能实践“师夷制夷”也是他盼望已久的事。但为什么他再三逊谢呢？有几个原因：一是办船政是非常之举，朝中保守势力强大，朝廷财政紧张，没有特别措施是不可能办成的。二是忠孝不能两全，守制之人，尽孝难以尽忠，而且无责无权，无法指挥。三是他一贯务实，虑事详细周密，考虑不周的事，不会轻易答应。四是在家乡办事，回避是很重要的。朝廷就有“回避法”的严格规定。但朝廷下旨，他也只好负起责任来，接受了这份名分不明确而又甚具挑战性的工作。

排除干扰

船政是顶着逆流前进的。它的诞生和发展始终受到内外反动势力的阻挠和干扰。洋人的阻挠是可想而知的，这等于抢他们

手中的蛋糕。未办船政之前，英国驻华公使威妥玛、海关总税务司赫德多次散布造船不如买船的谬论，先后向清政府提出购船建军的建议。《新议略论》和《局外旁观论》就提到，“扬言制造耗费，购雇省事，冀以阻挠成议”。阿斯本事件是个典型例子。1861年海关总税务司赫德说服了清廷向英国购买了8艘炮舰，舰队由欧洲人指挥。指挥官是阿斯本海军上校。中国的舰队由英国人指挥，这还能与其打仗吗？消息一出，朝野哗然，最后只好变卖处理了事。为此，清廷遭受巨大损失。

马尾船政建立后，帝国主义在华势力也时加阻挠。同治六年（1867年），福州税务司法国人美理登企图混进船政当正监督；赫德替他到北京总理衙门活动，要求准其会办。但都遭到沈葆桢的严词拒绝。同治八年（1869年），法国驻福州领事巴世栋搬弄是非，造成船政正监督日意格与副监督德克碑不睦。同年英国驻福州副领事贾禄，要侵占马尾船政厂界建副领事馆，居高临下，实际上是探船厂虚实。沈葆桢知道后，把附近山地买下来。

如果说洋人的阻挠是赤裸裸的，那么国内守旧势力则是一张无形的网，从四面八方扑来。

左宗棠走后，吴棠任闽浙总督，但两位总督态度大相径庭。同治六年（1867年）秋，正当建厂工程紧张进行时，吴棠就扬言：“船政未必成，虽成亦何益？”刚开始，沈葆桢希望“各行其是，彼此两不相妨”，坚不为动。但树欲静而风不止。福州出现反对船政的匿名帖《竹枝词》刻本，吴棠立案调查。当时任船政提调的代理布政使周开锡，为匿名帖所牵涉。吴棠明知其被诬陷，仍下令周开锡不许到局办事。船政局员、署藩司叶文澜亦受诬被控。吴棠又弹劾另一局员、延平知府李庆霖。沈葆桢挺身而出，抗疏力争。在他的辩护下，原被吴棠调离船政衙门的周开锡等人，终被清廷下谕留局差遣，而吴棠则在同年底被调离。吴棠是太后的恩人，沈葆桢还是那个脾气，不管什么来头，他都照章办事。吴棠调至四川当总督，恶性不改，又被举报。当时，李鸿章任湖广总督，奉命入川查办吴棠被参案。但李鸿章和吴棠是在皖办团练时期的“金石至交”，又深知慈禧对吴“圣眷颇隆”，因此曲意回护，以查无实据结案。

一波未平，一波又起。

同治十年（1871年）十二月十四日，内阁学士宋晋挑起事端，上奏《船政虚耗折》，认为“闽省连年制造轮船，闻经费已拨用至四五百万，未免糜费太重。名为远谋，实同虚耗”。并请旨要求停办。宋晋的上奏引起了轩然大波，朝廷内反对造船者与日俱增。

同治十一年四月二十一日，沈葆桢致函总署，列举办厂好处，力驳宋晋主张，提出不能因为弟子不如师而“废书不读”，认为“勇猛精进则为远谋，因循苟且则为虚耗”，坚持“船政万难停止”。好在李鸿章开始反对，后来180度大转弯，态度由对船政不满意变为全力支持。

布政使邓廷枏勾结炼铁户，借口“防止私铸”“济匪”，阻抗炼铁户卖铁给船厂。沈葆祯严责其抗旨，营私分肥、阻挠大局。责成布政司署负责供铁。若供应数量不够、质量低劣，“定唯该署是问”，并严惩违法人员，整肃厂纪，使得“弊绝风清”，保证了船厂的顺利开工和正常运转。

造自己的舰船

要引进技术和管理，又要避免阿斯本舰队的笑话，船政采用契约形式，坚持“权操诸我”的原则。沈葆桢聘请日意格和德克碑为船政正、副监督。与日意格、德克碑签订保约、条议、合同规约等一系列文件，约定以5年为期完成一批造船和育才任务，明确双方在建设期间的职、权、利，包括聘期、工资、工作任务、生活医疗待遇、奖励、辞退等，并规定洋监督在船政大臣领导下开展工作和管理外国人员，洋员与洋匠要服从中方船政提调的管理和差遣，并接受洋监督的具体工作指挥，遵守中国法律和船政及学堂的规章制度，忠实履行合同规定的工作职责。签后送所在国家的驻华外交官画押担保。

对洋教习方，沈葆桢按章办事，赏罚分明。

同治十三年（1874年），外国技术人员和教师合同期满，按聘用合同规定，奖给白银6万两。外加奖给正、副洋监督各白银2.4万两，以昭大信。正监督日意格赏给一等宝星。当时，在勋章上嵌珍宝称宝星，分为五个等级，每个等级又分为三个级别。

沈葆桢办学整肃，对不负责任的洋教习，依合约给予责任追究。同治十年（1871年）十一月，后学堂学生因洋教习逊顺“非礼虐待”，罢课。船政提调夏献纶袒护逊顺，罚为首学生刘步蟾、邱宝仁挑土，使学生更加愤怒。当时沈葆桢在家丁忧守制，闻讯后不顾禁例，赶赴官衙，亲自处理。为维护学生权益，把逊顺解雇遣返。总监工达士博，仗势欺人，时时居奇挟制，沈葆桢严词斥责，把他撤职。

监工贝锦达办事迟缓，匠首布爱德盛气凌人，都被沈葆桢斥责辞退。先后被船政开除的洋工和教习有十余人之多。

同治八年（1869年），船政造的第一艘轮船“万年清”号即将下水。渔民出身、熟悉海上情形的贝锦泉，被沈葆桢破格任命为该轮管驾。贝锦泉熟练地驾轮出港试航，沈葆桢亲自登船观

建造第一艘轮船“万年清”

察。当时欧美各国士大夫到中国来游历的，都要绕道福州马尾，参观中国船政。

第一艘轮船“万年清”号出海试航，达士博坚持要用外国人引港，多方挟制。沈葆桢坚称中国舰船要中国人自己驾驶，从管驾、引港到舵工、水手全用中国人，终于取得试航的成功。

勇猛精进办船政

马尾船政的创办，是“同治中兴”的非常之举，必须勇猛精进才能快速收效。

为保障自强目标的实现，清廷采取了中央直办的强有力措施。沈葆桢总理船政，台湾道的夏献纶（二品），前任台湾道的吴大廷（二品），按察使衔福建补用道的“红顶商人”胡光墉（字雪岩，安徽绩溪县人，正三品，后赏加布政使衔，从二品，戴红顶子）为提调（后改任福建布政使周开锡为提调，从二品），精通英文的叶文澜为总监工（三品），形成强有力的务实班子。这是钦定的领导班子，船政大臣是正一品，知府、知县只

能当局员、委员，其规模之大，规格之高，前所未有。

船政有向皇帝直奏的权利，船政是钦定项目，有调动当地各项资源的权力，可以突破当时的常规，工资制度也与地方不同，俸禄比地方官员高出许多，同一级别高出两三倍。当时，五品官年80两，在船政五品稽查可拿360两；六品官年60两，船政的六品委员可拿240两。监督日意格、德克碑月薪均1000两，船政大臣月薪600两。

船政原计划建厂费用40万两，造船16艘费用300万两，每月由闽海关拨银5万两。实际上远远不够。按要求，建设费用要达到100万两。按进度，每月开支缺口2万两。沈葆桢奏请朝廷追加，朝廷同意在福建茶税中支出。但执行起来十分困难。因此，沈葆桢三五天就催一次，不足就到海关挂钩的阜康钱庄借支，借后由海关去还。终于保证了船政的建设经费。1873年每月由闽省茶税项下增拨2万两。至1874年7月，共拨银536万两。

沈葆桢接到船政大臣任命后，因为船政工薪较高，许多人想挤进船政拿高薪，以至于沈家箱子堆满了介绍信。进不了船政的人对他怨恨仇视，不断写匿名信、打小报告，谩骂攻击。但沈葆桢始终坚持“至亲旧交不滥收录”的任人唯贤方针，不理会这些谩骂攻击。

沈葆桢秉公办案，文武官员犯了错误，不论职务高低，概不宽容。有一胥吏是沈家姻亲，因触犯厂规被捕审讯。说情的亲友很多，他都不买账。在审判时忽然接到父亲的信，他心里明白，当场宣称，家信讲私事，先办公事，喝令斩了。斩后再看信，说情也没用。船厂需要大量铁皮，布政司主管售铁的官员故意为难，索取好处费。沈葆桢抓了个属吏，以“阻挠国事，侮慢大臣”的罪名，斩首示众。轻罪重判，小题大做，但杀一儆百，压下了船政中正抬头的歪风邪气。

同治七年（1868年），马尾一场台风，冲崩船厂江岸数十丈，逼近船台。沈葆桢不把问题推给天灾，而是担起责任，上奏自请处分。同治帝也只好准吏部之议，按防范不严，给他降一级留用的处分。这样的处分，并没有降低他的声望，反而严肃了风纪。

同治五年（1866年）七月初十日，日意格来闽后，左宗棠与他详商一切事宜，同赴罗星塔，择定马尾山下地址，原定200亩，沈葆桢主政后将其扩大到600亩，工厂、储藏所、煤栈各占三分之一。

经过两年的紧张建设，船台、船坞、厂房、住所、办公房、学堂等工程的建造和机器设备的安装基本完成。一所以造船为中心的大型机器工厂屹立在了闽江边。一位英国人在参观船厂后感慨地

从婴豆山看船政

说：“这个造船场和外国任何其他造船场并没有多少区别。”

船政不但能与西方一些造船厂媲美，而且大大超过了当时正拼命向西方学习的日本造船工业的水平。日本于我国咸丰年间最先在长崎创办铁厂，尚未造船。1865年始在横滨创办铁局和横须贺铁厂，其规模也无法与马尾船政相比。可后来的结局谁又能料到呢?

马尾船政局建厂速度快，造船很快提上日程，1868年1月即开工造第一艘轮船“万年清”号。“万年清”号下水后一年半内，湄云、福星、伏波等船相继下水。以上4艘船主机都购于国外，船政局只制造船体。

同治八年（1869年）年底起，船政局开始造150匹轮机。同治十年（1871年），第5号轮船“安澜”号下水，“所配轮机、汽炉系150匹马力，均由厂中自制”。“安澜”号装备了第一台国产蒸汽机。第一艘国产轮船、第一台国产蒸汽机在我国造船史上有着重要意义。

1873年前后，洋人5年雇佣合同先后到期。这时船局面临两大难题。一是造船数量虽与左宗棠原计划大体一致，但技术远未完全掌握；二是清廷根据1872年大学士宋晋的“暂行停止”造船的奏疏，作出如果费用太高、迅筹变通的指示。显然，船政面临半途而废的危险。

沈葆桢一方面痛斥宋晋的船政虚耗论，争取朝廷的支持；一方面组织技术攻关，实现变靠洋员造船为自己设计制造，变木壳为主为铁壳为主。1875年开工建造的17号“艺新”轮船，就是由第一届毕业生吴德章、汪乔年等设计监造的。此举被誉为“中华发轫之始”。此后，船政建造的船舶大多数由毕业留校学生自行设计监造，据统计，自己设计监造的舰船共有18艘之多。

船政学生自行监造的第17号轮“艺新”号

为赶上先进水平，沈葆桢去任前即作出建造铁胁船的决定。光绪二年（1876年）夏，船政用了半年时间建成铁胁厂。9月2日第一号铁胁轮船安上龙骨，我国造船开始摆脱木船时代。先是在洋匠指导下，中国技术人员具体制作，名为“威远”。1877年7月开工制造的“超武”号铁胁兵船，由于中国工程人员通过制造“艺新”号掌握了技术，就全靠自己了。从此以后直至1900年，船政局所造船即由铁胁到铁甲到钢胁钢甲，吨位大增，且炮位多、速度快。如1883年造成的“开济”号，是2400匹马力的铁胁快船，时速15海里。1887年建成的钢甲船“平远”号，2400匹马力，时速15海里。

第六章

船政学堂

沈葆桢把办学培养人才作为船政的根本。他一再上奏说“船政根本在于学堂”。船政工程全面动工时，沈葆桢虽丁忧在家，仍亲出考题，批阅试卷。

学堂岁月

沈葆桢把办学培养人才作为船政的根本。他一再上奏说“船政根本在于学堂”。船政工程于同治五年（1866年）十一月十七日全面动工，求是堂艺局（后称为船政学堂）同时开学招生。当时沈葆桢虽丁忧在家，但仍亲出考题，批阅试卷。没有教室，就借地办学。驾驶专业暂借福州城内定光寺（又称白塔寺）、仙塔街上课；造船专业暂借城外亚伯尔顺洋房开课。

开始时计划招生60名，即分成法学、英学两个班，各招30名。同治六年（1867年）五月，马尾校舍教学楼两座、学生宿舍60余间建成，求是堂艺局迁至马尾新校舍。入迁后，将原设于亚伯尔顺洋房的艺童归入法语学堂，设于白塔寺、仙塔街两处的艺童归入英语学堂，形成“一局两学堂”的形制。前后学堂是在这之后才慢慢地被叫出来的。因“制造学堂”（法语学堂）的位置在船政衙门之前，所以习惯称其为“前学堂”；“驾驶学堂”（英语学堂）的位置在后，习惯称其为“后学堂”。显然，这是个区位概念，但随着时间的推移，前学堂和后学堂的习惯称呼逐渐变成了正式称呼，见诸各种奏章文件。

船政学堂分为法文和英文两大类，各有三所，共六所。法文类学堂有三所：造船学堂、绘画学堂（即绘事院）、艺徒学堂（即艺圃）。造船学堂于同治六年正月成立。同治六年十二月增设画馆，后称绘事院（又称绘画学堂），一学船图，二学机器图。同治七年一月又创办艺圃（又称艺徒学堂）。英文学堂亦有三所，即驾驶学堂、练船学堂、管轮学堂。驾驶学堂最早设置，练船学堂是根据沈葆桢“能否成材，必亲试之风涛”的要求设置

船政学堂前学堂

船政学堂后学堂

船政绘事院

船政艺圃

的。同治九年五月十七日，确定船政自造的第3号兵船“福星”号为练船，标志着练船学堂的成立。同治七年一月又创办管轮学堂（后并入后学堂）。

工学合一的教学制度

船政实行的是工学紧密结合的厂校合一体制。船政衙门同时创办船厂与学堂，但既不是厂办学校，也不是校办工厂，更不是厂校联合或合作。而是监督既管学堂，又管工厂；教习既是教师，又是工程师；学生既学习，又参加劳动，承担生产任务。

沈葆桢认真督课，优秀者奖之，差者除名。船政学堂规定：

“开艺局之日起，每三个月考试一次，由教习洋员分别等第。其学有进境考列一等者，赏洋银十元；二等者，无赏无罚；三等者，记惰一次，两次连考三等者，戒责， 三次考三等者，斥出（开除）。其三次连考一等者，于照章奖赏外，另赏衣料，以示鼓励。”

制造第一届先后招生或从绘图学堂择优转入共105名，至同治十一年（1872年）临毕业时只剩下39名，淘汰66名。

船政学堂的洋教习包括技术人员前后选聘四次，第一次由日意格代聘，原计划是37人，实际聘用52人，最多达75人。这些人的技术水平多数较高，如任总监工的达士博，原任法国罗什福尔船厂工程师。继任副总监督的斯恭塞格是法国海军工程师。另如阿尔莫多、舒斐、仕德等都是工程师。第二次在1874—1895年聘教师10人，第三次于1896年聘用杜业尔等6人，第四次于1903年聘用柏奥镗等16人，前后四次共聘用洋教习、洋匠等107人。

船政学堂学生入学后，日常的学生管理以创办之初制定的《求是堂艺局章程》8条为主要依据：

艺童入学从船政衙门开印日（正月初四）开始，到封印日（农历十二月二十四）回家，即除春节放假10天（农历十二月二十四至正月初四）外， 均要上学。每逢端午节、 中秋节各假期3天。礼拜日，不给假。也没有寒暑假。实际每年在学时间为349天，按现在高等院校的校历安排，船政学堂一学年等于现在的1.4个学年。

艺童每天早晨起来，晚上休息，按作息时间安排。上课时间要认真听教习、洋员训课，不准在外嬉游，致荒学业；不准侮慢教师，欺凌同学。艺童患病的医药费用，均由学堂发给。患病较重者，由监督察验，确实是病重的，送回本家调理，病痊后即行销假。艺童免费食宿。艺童每月给银四两，俾赡其家，以昭体恤。艺局内宜拣派明干正绅，常川住局，稽查师徒勤惰，亦便剽学艺事，以扩见闻。其委绅等应由总理船政大臣遴选给委。

同治六年十月十二日（1867年11月7日），英籍航海教官嘉乐尔到马尾任英国学堂监督，拟订学堂管理规章制度，其中规定放1个月暑假和8天春、秋节假，未被采纳，其他管理内容与求是堂艺局章程大同小异，基本被采用，作为艺局章程的补充。在学生请假方面，照顾到中国的风俗习惯，除有节假外，准学生请病假、婚假、丧假。而嘉乐尔制定的规章中不准学生请婚丧假。船政学堂学生日常管理由船政大臣和提调委派的学堂稽查、管理委员负责，并在校内住宿，便于考察与管理。

针对嘉乐尔提出的规章制度，沈葆桢亲笔写下了十条意见：认为学制可以定为5年；学生有不遵章程者，可以随时斥退；除年节外，不准回家；礼拜日准父母亲戚看视；父母逝世，给假百日；三个月考验一次，分别赏罚；学生肄习两月后，定去留；入学不得超过二十岁，未婚；学生学成一层，每月加给银一两，又学成一层，每月再加给银一两；学生不肯尽心习学，交委员酌量赀罚；学习全在专心致志，学生拚出数年辛苦，可以获利传名，自不得不严加约束。沈葆桢还说以上十条，如属可行，除原定章程外，应由衙门补行示谕。

按照艺局章程和沈葆桢、嘉乐尔制订的管理规章，学生成绩优异者，可增加赡养银，如光绪九年（1883年），前学堂在校生34名，其中1名月赡养银最高为9两；后学堂驾驶学生44名，最高月赡养银6两；管轮学生18名，最高月赡养银11两；留美回华补习学生（指驾驶8届）4名，有2名月赡养银各9两，2名各7两；报务学生6名，有2名月赡养银各20两，2名各16两。前后学堂当年

在校生116名，每名平均月赡养银5.08两；还有每人每天饭食银7分5厘，每月2.25两。绘事院学生享受前后学堂学生待遇，后学堂驾驶管轮学生上船实习时，饭食银加倍。艺圃学生不发赡养银，每人每天发给1钱5分工食银，最高每天1钱9分。每月工食银为4.5—5.7两。当时船政各分厂和各学堂一般工人月薪才4—6两，学生的伙食标准和补助（赡银）与工人工资差不多，并长期持续下来，形成船政学堂兴学育才的一个主要特点。

各学堂学生在校内集体食宿，统一作息。艺圃学生在白天劳作后，晚上上两节课。同治八年（1869年）年底，每天上午再增上两节课。学生课余活动较少，晚上各自在宿舍内复习功课，学堂委员和稽查随时督察学生的学习和言论表现，违规者轻者斥责或处罚，重者责令退学。各专业学生勤奋刻苦，每年都要通过几次严格的考试才能学习至毕业。

同治十年五月（1871年6月），船政后学堂驾驶专业第一届第二班闽童罗丰禄等23名经4年半紧张学习和英国海军教官的精心教授，经大考（毕业考）后，堂课毕业。7月，登建威练船实习舰课。其中航海专业课自同治六年十月十二日（1867年11月7日）英籍教师嘉乐尔到校后才正式开课，前后教授3年半。驾驶第一届第二班粤童邓世昌等10名（编为外学堂）入学较晚，稍迟毕业，第一届先毕业之23名学生在离校前，集体给英籍航海教师嘉乐尔写了一封纪念信，表达对老师的精心教育的感激与敬佩。

1872年，建威练船在英国海军船长、练船总教官德勒塞带领下，北上航行训练，途经浙江、上海、烟台、天津，至辽宁牛庄海面才返航。参加北上航行训练有驾驶第一届第一班严复、刘步蟾、林泰曾、何心川、叶祖珪、将超英、方伯谦、林承模、沈有恒、林永升、邱宝仁、郑溥来、叶伯煌、黄建勋、许寿山、陈疏淞、柴卓群、陈锦荣等18人，罗丰禄留校任助教。1873年3—7月，在德勒赛总教官指挥下，建威练船第二次远航训练，除第一次参训的18名学生外，第二班邓世昌、吕翰、张成等10名粤籍学生也上船参加航行实习。练船南下途经厦门、香港、新加坡至槟榔屿折回，实在洋面75日。6月14日，后学堂驾驶专业第二届13名学生举行校课毕业考试，最高得分为392分（4科满分为400分），总分超过300分有7人，其中三角和几何考试成绩最好，有6—7人得满分。学生优异的成绩得到外国教师好评，英籍老师嘉乐尔赞叹："这些年轻人的资质和勤勉的结果，应该对他们同胞的冷淡态度起到酵母般的影响，并激励他们和他们的外国教员在同一有益的领域里做出广泛的努力。"后期来的英国教习赖格罗称赞船政学堂学生"勤奋与专心工作，也许超过英国的学生"。日意格也认为这些学生"均甚聪明，易学易晓"。

1872年，正当后学堂驾驶第一届毕业生处于舰课实习阶段，前学堂、艺圃、绘事院各制造专业及后学堂管轮学生也在进行厂课实习，临近毕业。

1873年9月，后学堂驾驶第一届两个班33名学生完成实习任务，舰课毕业。去的时候，老师要求驾驶学生逐段写日记，量日度、星度，按海图要求来体验，慢慢精熟起来。回来的时候，要自行轮班驾驶，老师将他们的航海日记仔细勘对。遇到台风，巨浪如山，颠簸震撼的时候，要仔细观察学生的手足是不是麻利，神色是不是镇定。这样就可以分其优劣，其中驾驶心细胆大者，张成、吕翰最好。沈葆桢于是破格提拔，大胆任用，委张成、吕翰为海东云、长胜轮管带。

在驾驶专业第一届学生毕业前后，艺圃、给事院和管轮专业第一届学生也完成实习考校，先后毕业。7月14日，沈葆桢上奏《续陈各船工程并挑验匠徒试行自造折》，说从7月起，放手让学生自己动手，事后由洋教习察看是否吻合，有丝毫未达到，就令其改造，试之又试，至再至三，务期尽其技能而止。模厂先开始，其他厂跟着这样做。12月7日，沈葆桢又奏上《船政教导功成吁恳奖励折》说，自本年7月起，该监督日意格逐厂考校，挑出中国员匠、艺徒之精熟技艺、通晓图说者为正匠头，次为副匠头，洋师付与全图，即不复入厂，任中国匠头督率中国匠徒放手自造，并令前学堂之学生、给事院之画童，分厂考察。数月以来，均验证，均能一一吻合。认为“此教导制造之成效也”。后学堂学生体试风涛，出洋两次，尔后挑选2名学生，令自行驾驶，当台飓猝起，巨浪如山时，锻炼其胆识。最后，能胜任驾驶的有10余人。管轮学生，凡新造之轮船机器，检验合格，分派各船管车的有14名。“此教导驾驶之成效也”。日意格呈送沈葆桢报告中，对船政各学堂经6～7年的教育成果做出评判，对前学堂制造专业的学生实际能力给予充分肯定，有的可以主持轮机制造部、设计部的工作，有的可以胜任各分厂（车间）的生产指挥，还有的可以担任教师。

制造专业第一届的技术课程于同治六年（1867年）正月开始讲授，至同治十三年毕业，学制达7年。同时对艺圃首批学生也给予评价，他说：“就实际的技巧言，他们在学堂里已有很高的造诣，现在更有了惊人的进步；如果不因为他们年纪太轻及其尚未经历更多事物及复杂事物而后取得实验的话，我就将毫不犹豫地建议委以匠头的重任。”他又开列了一份名单，逐一评价，建议送他们赴欧洲留学。名单中有日后派往欧洲留学的陈恒庆、刘懋勋、裘国安、郭瑞圭、陈可会等学生。

绘事院2班学生22人，至1873年时，已分别掌握船身的计算和绘图及轮机各部分结构图的绘制，达到预期的教学目的。至1873年底，后学堂驾驶、管轮、绘事院和艺圃各专业首届学生均先后毕业。

船政各学堂首届学生毕业后，第二届以后毕业时间基本按各专业的入学年月和学制长短来确定。由于学堂是不定期招生，同班同届学生入学时间及文化程度不一样，还有艺圃优秀学生转绘事院，绘事院学生转入前学堂，以及同时招生，按学习成绩分为不同班级形成快、慢班，编为上下届等情况。历届制造专业（含前学堂、绘事院和艺圃）和水上专业（含驾驶与管轮）及唯一一届通讯专业毕业生，都要经过堂课教学阶段和厂课或舰课实习阶段的学习，且分别考试或考核合格者才能毕业。

留学制度的建立

同治十二年九月二十九日（1873年11月18日），日意格给沈葆桢呈送了《关于船政学堂教育成果的报告书》。在报告书中，日意格阐述了组织学生留学欧洲的主张。他认为："作为一位工程师，他必须具有创造一种全新的机器、创立一个工厂等等的能力。要使学生们能够达到这种程度，就要他们将不同的工场和机器进行比较和研讨，而多多地把那些不同款式绘图出来，然后，经过实验，引导他们制造出种类不同、大小不同的机器来。我们没有时间也没有办法把学生们推进到这么远去。"日意格在这里坦言，洋教习们没有时间也没有办法进一步教好学生，而"中国还未呈现出一个足以训练出工程师的工业环境"。他认为："只有到欧洲去，他们才能从研究各种各类的工程中得到经验，而且他们在那边求学的时间至少需要4年。”他进一步提出：“中国政府应该考虑，是立刻用那些学生的已有能力，抑或让他们继续求学，以拥有一批工程师，不仅能够主持建设事业，而且还能够根据工业上最新的进步，提供建设事业所需的新的图案和新的机器。”日意格的报告书最后说：“到1874年2月，我们所负的责任将终止。让我所指出的那些学生继续深造，必定可以得到可靠的成果。否则，无异于将教师们，尤其是学生们，历尽艰辛的努力，历时7年的耕耘所得到的果实整个抛弃了。”

同治十二年十月十八日（1873年12月7日），沈葆桢在呈奏的《船工将竣仅筹善后事宜折》中，阐述了派遣船政学堂毕业生留洋深造的重要性和必要性。他指出：“中国员匠，能就已成之绪而熟之，断不能拓未竟之绪而精之。……欲日起而有功，在循序而渐进，将窥其精微之奥，宜置之庄岳之间。”“庄岳之间”即齐国，这是孟子的话，意思是要学好齐国话，就要到齐国去。沈葆桢认为，洋人来华教习未必是“上上之技”，“选通晓制造、驾驶之艺童，辅以年少技优之工匠，移洋人薪水为之经费，以中国已成之技，求外国益精之学，较诸平地为山者，又事半功倍矣”。主张“前学堂，习法国语言文字者也，当选其学生之天资颖异学有根底者，仍赴法国，深究其造船之方，及其推陈出新之理。后学堂，习英国语言文字者也，当选其学生之天资颖异，学有根底者，仍赴英国，深究其驾驶之方，及其练兵制胜之理”。显然，沈葆桢赞同日意格报告书的观点。他还分析了组织学生留学的可行性：其一，船政学堂学习制造、驾驶之艺童已经毕业，已通晓制造、驾驶之艺，艺圃毕业的工匠年少技优，可堪造就；其二，这些艺童和工匠，用在中国已学成的技术，再到外国精益求精，定能事半功倍；其三，把给洋人的高薪用来作为派遣留学生的费用，从经济上算也是可行的（原议留学5年，约需白银40万两，而上海同文馆幼童留美15年则需费120多万两）；其四，经过三五年的留学，一批一批地选送，学生也一批批地学成而归，就不愁没有人才了。

正是这种指导思想，船政学堂建立了留学制度。1875年沈葆桢就让日意格在回国采购时，挑选魏瀚、陈兆翱、陈季同、刘步蟾、林泰曾5名优秀学生随同赴法国参观学习。

此后，选送出国留学生四批及零星派出共111人。

首批派遣由日意格任洋监督、李凤苞任华监督，以3年为期，前后学堂、艺圃学生共派遣30名，前往英法两国留学。总理衙门函告英、法两国驻华公使，嘱其转告本国政府，对中国留学生委为照料。光绪二年十二月十三日和十六日（1877年1月26日和29日），总理衙门分别收到英法公使照会，同意函告本国政府，照顾船政留学生。1877年3月31日，由监督李凤苞、日意格率领随员马建忠，文案陈季同，翻译罗丰禄，制造学生12名，驾驶学生12名，艺圃学生4名，连同文案、翻译2名毕业生，计30名乘“济安”号赴香港，换乘外轮前往法国，5月7日抵达法国马赛。随后又送艺圃5名毕业生随斯塞格赴法国留学，10月动身，12月8日抵马赛。以上学生35名及已在法国实习的魏瀚、陈兆翱2名，计37名为船政学堂第一届留学生。

船政学堂首批留学生派出后，沈葆桢认为“海防根本，首在育才，闽局出洋生徒，应予蝉联就学，以期后起之秀，而备不时之需”。光绪五年九月二十日（1879年11月3日），时任两江总

督的沈葆桢又上呈《续派学生出国学习折》。在奏折中，他详陈派遣留学生的好处，归总起来，大意为：第一，立法必求可久，储才不厌其多。留欧者，现在仅仅30余人，太少了，所需之数要数倍才行。第二，前后学堂有续招的学生，其中不乏颖异之才，于西学已初入门径，让他们出国留学，事半功倍。第三，得鱼忘筌和半途而废没什么差别。要精益求精，须照前届出洋章程，继续派遣赴学生欧留学，人才才能源源不断。

沈葆桢提出续派留学生建议得到清廷的重视，1879年12月5日，清廷谕军机大臣等："学堂、练船出洋诸举，皆为预储将才，尤当扩充精选，以备异日之用。"12月26日，沈葆桢在任上去世，续派留学生事被耽搁。直到1881年12月2日，李鸿章才奏请由船政学堂送10名学生赴英、法学习。当年，10名学生在监督许景降、日意格及翻译吴德章（第一届留学生）带领下，于1882年1月抵英、法两国。

1885年11月，船政大臣裴荫森会同南北洋大臣奏请续派学生出国留学，迅速得到批准。1886年4月6日，船政学堂与北洋水师学堂联合派出船政第三届留学生34名。

第三届学生出国留学后，至1896年，十多年未派留学生。甲午中日海战后，深感外国造船技术日新月异，中国造船水平与外国先进水平差距拉大，总理衙门和船政大臣力主继续派遣留学生。此时，福州将军裕禄兼任船政大臣，船政学堂毕业生魏瀚负责工程处，决定船政学堂添招新生，改革学制，派遣第四届留学生。1897年6月2日第四批留学生终于成行。第四届留学生计7名，后因经费困难，均于1900年11月提前回国，其学习的内容和效果大不如前。

留学生分赴法、英、德、美、比、西、日等国。学习的专业主要有造船、航海、飞机、潜艇、枪炮、鱼雷、矿冶、机械、无线电、天文等。学成回国的，多在相关领域有所造诣并对推动中国现代化进程有所助益。典型的代表有启蒙思想家严复、外交家罗丰禄、陈季同，造船专家魏瀚、郑清濂，矿务专家林应升、林日章，轮机专家陈兆翱、杨廉臣等。

第七章

船政功德

船政的成效举世瞩目。在近代中国科学技术、新式教育、工业制造、海权建设、中西方文化交流等方面，都取得丰硕的成果，也培养了许许多多的近代英才。

船政在短时间内取得了举世瞩目的成效。“万年清”号到天津和东南亚，“扬武”号到日本时都引起轰动，艳羡赞美之声不绝。在近代中国科学技术、新式教育、工业制造、海权建设、中西方文化交流等方面，船政都取得丰硕的成果。船政折射出来的爱国自强、开拓进取的民族精神，重视科教、重视海权的时代精神，以及融通中西、求真务实的探索精神，是十分宝贵的。

近代造船工业基地

福建船政从国外引进技术、设备和工程技术人员，仅用两三年时间就在马江之畔建起了中国第一座近代化的大型造船厂。马尾因而成为近代中国最早对外开放引进的窗口和远东最大的造船基地。同时，西方的工业文明透过这个窗口，开始向中国内地折射。

船政的船舶工业水平代表了当时中国的最高水平。技术上在国内领先。从同治七年（1868年）起至光绪三十三年（1907年），船政共计建造大小兵船、商船40艘。当时全国造50吨以上的轮船仅48艘，总吨位57350吨，船政占40艘，47350吨，占83.33%和82.56%。1890年，中国有北洋、南洋、广东、福建四支水师，有舰艇86艘，其中向国外购买的有44艘，自制42艘，船政制造的就有30艘，占全部的34.88%，占自制的71.43%。船政制造的船只类型，不断改进。如开始为木壳，光绪三年（1877年）以后改用铁胁木壳，或铁胁双重木壳；至光绪十四年（1888年）以后，就进一步改用铁胁铁壳或钢胁钢壳了。机式的装备也有改进，初用常式立机或卧机，后改用康邦省煤卧机，更进一步改进为新式省煤立机或卧机。船式方面由常式改为快船，进而改为钢甲船。

地矿冶金工业的早期开拓者

造船需要原料，为了解决原材料和燃料问题，就必须发展煤、铁等矿产的开采与冶炼工业。同治五年十一月初五日（1866年12月11日）左宗棠上奏《详议创设船政章程折》时提出：“宜讲求采铁之法也。轮机、水缸需铁甚多，据日意格云，中国所产之铁与外国同，但开矿之时，熔炼不得法，故不合用。现拟于所雇师匠中择一兼明采铁之人，就煤、铁兼产之处开炉提炼，庶期省费适用。”大意是说中国的矿石品质不错，但因冶炼技术不过关，影响铁的品质。台湾基隆产煤，船政于1868年派监工去台湾，调查煤的储藏和开采情况，提出用近代机器生产和运输的采煤报告。1875年，沈葆桢又派英人翟萨赴台查勘，设厂兴工开采，并派船政监工叶文澜为首任矿务督办。基隆煤矿虽是官办，但所产的煤，除以商品形式供应船政外，还可就地出售。船政在19世纪80年代计划自行炼钢开采附近煤矿。1885年裁撤外国煤师，派学矿务的留学生张金生为基隆煤矿煤师。船政首届留学生林庆升、池贞铨、林日章等发现了福州穆源煤矿。1898年，船政学生到古田、穆源一带再次勘探，计划开采。1897年，船政三届留学生杨济成参加厦门湖头勘探活动。福州竹石山锡矿，亦由船政学堂学生任矿师，于1885年禀请试办。此外，船政毕业生还分赴全国各地主办或协办矿务。在北方，1880年10月，林日章参加著名的开滦煤矿的勘探工作。1882年5月，池贞铨、林日章随盛宣怀赴山东烟台查勘铅矿，在登州府属宁海、霞县、招远等处查勘铝矿。林日章提出开采、淘洗、锻炼、提银四点计划，被任为监工。在南方，罗臻禄赴广东，任矿务委员，主持矿务工作。在华中，湖北汉阳铁厂是我国最早建立的最大钢铁企业，张之洞调任湖广总督办汉阳铁厂在两湖各地勘探矿源时，派徐建寅带领船政留学生张金生、池贞铨、游学诗等人，到湖南永州、衡州和湖北马鞍山等地勘探煤矿，提出多处可供开采。张金生到兴国大冶之百泉湾探勘铝矿，池贞铨到湖北兴山千家坪勘探铜矿。张之洞在谈到此事时说，经过上年勘探后，“复拣调委员暨闽厂学生，分赴衡州、宝庆、辰州、永州等府，暨毗连鄂境之四川夔州、陕西之兴安、汉中等府，毗连湘境之江西萍乡、贵州青溪等县，查勘煤铁，并委赴素产煤铁之山西省泽、潞、平、孟等处采取煤铁各式样，以资比较考证”。船政留学生为建设汉阳铁厂也付出了辛勤劳动。池贞铨与沈瑜庆还于1907年创办了有资本20.8万元的赣州铜矿。

近代交通的先行促进者

船政制造的商轮在民用航运事业上发挥了重要作用。船政成立前后，不少商人欲购船设公司兴办近代航运业。船政创建后，在制造兵轮时，亦间造商轮8艘，为商雇提供了可能。1872年6月，李鸿章提出“闽厂似亦可间造商船，以资华商领雇”，是为寻找养船经费来源和商轮出路。12月，他在《试办招商轮船折》中说“将来间造商船，招领华商领雇”一事得到总理衙门允准，并让其“妥筹办理”，乃奏请试办轮船招商局。船政不仅促使轮船招商局的诞生，且让招商局承领“福星”轮，免租价用商轮“永保”“海镜”“琛航”三船为招商局采办米石北运天津外，还将船政制造的最大商轮“康济”号，由轮船招商局“承领揽运”，行走于上海与香港一线，有利于招商局航运业务的发展。此外，船政制造的“琛航”“永保”等船，定期往来于福州和台湾之间，名为渡送官兵，可“既准搭客，且准运货”，“俨然与商船无异”。这些都起到了民用航运业的作用。

船政学生到铁路部门任职，推动了铁路建设。1907年，邮传部尚书岑春煊说，邮传部创设伊始，百端待理，轮船、铁路、邮电等事务繁忙，需要能抓住要害、思路清晰的才俊来料理。他很欣赏船政毕业的魏瀚、丁平澜、陈寿彭等。

在铁路建设上建奇功的尤推郑清濂和詹天佑。京汉铁路是沟通南北大动脉的主要干线，亦是外国觊觎争夺的主要铁路。1908年，邮传部以京汉路事繁重，又专筹议赎路，急需娴习外交，熟习路务人员，乃调于1907年任汴洛路总办的郑清濂为京汉路总办，为顶替任总监督的高而谦，另调任广九路提调的丁平澜接充。邮传部称郑清濂“品端守洁，不染习气，熟谙路政，兼精工程艺学”，让其任总办，“以节制汉洋各员，督饬修养诸工”。而詹天佑主持设计建造的京张铁路已载入史册。

电信事业的先声

台湾于1877年敷设电线时，福建巡抚丁日昌就派船政前学堂制造专业毕业生苏汝约、陈平国“专习其事”。1874年，日本借故派兵入侵台湾。清廷急派船政大臣沈葆桢赴台处理台湾事务。沈葆桢赴台后，深感军务紧急，电信重要，于是奏请清廷，自设闽台海底电缆。随后又提出自己培养电信人才。于是继任的船政大臣丁日昌在船政学堂附设电报学堂，到1882年，学堂共培养电信人员140人，为闽台海底电缆的铺设奠定了人才基础。1887年，在闽台各方和船政电报学堂毕业生的努力下，川石岛淡水的海底电缆终于铺设成功。同年10月11日投入对外营运。这就是福州马尾川石岛—台湾淡水的海底电缆，全线长117海里，是中国铺设的第一条海底电缆。

船政食洋能化，引进西方先进的管理模式，结合中国实际，实行“权操诸我”的原则，形成特色鲜明的中国化管理模式。而且，培养了大批海军、造船、轮机、航空、机械等方面的技术人才，成为近代科技人才的摇篮。

近代教育的先驱与楷模

船政学堂引进西方教育模式，创立了与传统教育完全不同的教育制度。它的办学成功，为各地办学提供了榜样， 输送了人才， 被誉为“开山之祖”。

无意中开启了中国近代教育的滥觞。船政学堂引进西方教育模式，先后设立的八所学堂，设有造船、造机、驾驶、管轮、电报、测绘等专业。各个专业都有比较完整的教学课程体系，为中国近代教育体系的形成奠定了坚实的基础。此后，继之而起的其他学校都直接或间接地采取船政教育模式，从而直接推动中国逐步建立起适应社会发展的近代教育制度。

李鸿章曾把船政学堂的培养模式归纳为“入堂、上船、出

1877年船政留学生在英国时合影留念

洋”六个字。把“出洋”，即出国留学作为培养人才的重要组成部分，这对于封闭的、科学技术大大落后于发达国家的中国来说，是很有远见的。正是由于建立了留学制度，促成了一批又一批的青年到国外去，使出国留学的青年开阔了眼界，增长了知识，改变了思维，学到了先进的科学技术和管理知识，为加快中国的近代化进程贡献了力量。

以现在的眼光看，百余年前船政的办学经验，如引进西方先进的教育模式为我所用的办学原则，以契约形式合作和独立自主的组织原则，突破传统、高位嫁接和改革创新、土法上马的办学理念，厂校一体化和工学紧密结合的办学形式，集普教、职教、成教于一炉和高中低结合的办学体系，人才为本、精益求精、因材施教的教学理念，德育为先、能力为重的育人思想，针对性和实用性强的专业设置与课程体系，引进外教、外文教学与留学深造的培养模式等，都有许多开风气之先的地方。

近代海军的发祥地

船政在短短的八年时间里建起了中国第一支海军舰队，并初步达到整顿水师的目的。船政学堂培养了许许多多的海军军官和军事技术人才，占中国近代海军同类人员的60%。晚清和民国时期的多数海军高级将领，如叶祖珪、萨镇冰、程璧光、黄钟瑛、刘冠雄等等，都是船政的毕业生。还有中法马江海战英烈吕翰、许寿山，中日甲午海战英烈邓世昌、林永升等一大批铸造出爱国魂的杰出英才。船政被誉为“中国海防设军之始，亦即海军铸才之基”，其影响是十分深远的。孙中山先生也盛赞船政“足为海军根基”。

在抵御外侮中，船政培养的学生同样发挥了主力军的重要作用。1874年2月，日本政府以“牡丹社事件”为借口，公然无视中国主权，率兵“征台”。沈葆桢率领船政自造兵舰为主的舰队开赴台湾，遏制了日本的侵略野心。在中法马江海战中，船政学堂培养的水师官兵奋起抵抗。在中日甲午海战中英勇抗敌的主力也是来自船政。北洋水师的右翼总兵是刘步蟾，左翼总兵是林泰曾。定远、镇远、致远、靖远、济远等15艘战舰的管带均是船政学生，其他副管带、帮带大副、总管轮等也大多是船政学堂毕业生担任。甲午黄海之战时，我方的10艘战舰参战，其中9艘战舰的管带均是船政学堂的毕业生，而且有8位是驾驶一届的同班同学。难怪唐德刚会在《甲午战争百年祭》中称，是“马尾船校以一校一级而大战日本一国”！并为之赞叹“马尾！马尾！我为尔欢呼。您在五千年中华通史上，青史留名，永垂不朽！”

桃李满天下

沈葆桢创办船政学堂，培养了许许多多的近代英才。除了前面提及的一批近代海军的翘楚以及大批造船、铁路、矿业、机械工业等近代工业的先驱，在思想文化领域，船政学子同样有许多大家耳熟能详的名字。他们中也不乏近代风云人物，最为典型的就是启蒙思想家、理论家、翻译家、教育家严复。

严复，是沈葆桢较早关注和赏识的一位船政学子。严复1854年生于福州阳岐。1866年，年仅13岁的严复报考船政学堂，考题是沈葆桢亲自命题的“大孝终身慕父母论”。严复应试时，正是其先君初丧，见此命题，文情悲切，为沈葆桢所激赏，以第一名被录取。

1871年严复堂课毕业，先后上“建威”“扬武”两舰实习。1872年取得选用道员资格。1877年为船政派出第一批留英学生。在英期间，除学习海军专业知识外，还留意考察西方社会制度，研读西方社会科学书刊。1879年毕业于英国格林威治的皇家海军学院，奉电召回国，任船政学堂后学堂教习。留学期间，他考试成绩“屡列优等”，并且在学好本专业知识外，还注意观察体验英、法两国的社会现象，学习社会科学知识，研究国际政治关系，颇受时任驻英公使郭嵩焘的赏识，成为忘年之交。1879年严复学成归国后，先任马尾船政学堂教习，不久，严复调任天津北洋水师学堂，先后任总教习、会办、总办达二十年之久。中日甲午战争爆发后，严复迅速投身于挽救民族危亡的维新变法运动。他奋笔疾书，运用西方进化论等学说，宣传变法图强的思想主

张，产生振聋发聩的影响。

严复以其在近代中国思想启蒙运动中的突出作用和中西文化交流史上的杰出贡献，长期以来成为史学研究、朝野关注的热点人物。对严复的研究和褒贬从他在天津《直报》上连续发表《论世变之亟》《原强》《救亡决论》《辟韩》等数篇犀利文章后开始。《天演论》一书出版后，风靡九州，虽不乏质疑、批评者，但还是好评如潮，影响深远。许多学者名流，思想家、政治家，诸如吴汝纶、梁启超、康有为、蔡元培、胡汉民、陈独秀、胡适、鲁迅、贺麟、毛泽东等都深受其影响并大加称赞。吴汝纶为《天演论》作序，盛赞其书“高文雄笔”，可与“晚周诸子相上下”。1901年，梁启超写诗称严复是“哲学初祖”。1945年，贺麟出版《五十年来的中国哲学》一书，称严复“是19世纪末我国向西方寻找真理的代表人物之一”。1947年，冯友兰在美国宾夕法尼亚大学讲授中国哲学史，称严复是西方思想的最大权威。毛泽东也深受严复思想的影响，1940年1月，毛泽东在延安《中国文化》创刊号上发表《新民主主义论》，指出“以严复输入的达尔文的进化论，亚丹斯密的古典经济学，穆勒的形式逻辑与法国启蒙学者孟德斯鸠的社会论为代表，加上那时的自然科学，是‘五四’以前所谓新学的统治思想。在当时，这种思想，有同中国封建思想作斗争的革命作用，是替旧时期的中国资产阶级民主革命服务的”。1949年6月，毛泽东发表《论人民民主专政》，提出“自从1840年鸦片战争失败那时起，先进的中国人，经过千辛万苦，向西方国家寻找真理。洪秀全、康有为、严复和孙中山，代表了在中国共产党出世以前向西方寻找真理的一派人物”。2008年，在北京大学召开的严复思想与中国变革学术研讨会上，严复思想被定位为中国思想文化发展史上继孔子、朱子之后又一座里程碑。

陈季同也是沈葆桢激赏的船政学子。鸦片战争后，中国被迫派出外交人员。首先建立的第一个使馆在英国，第一位大使是郭嵩焘。但当时没有懂外文的外交人才。船政学堂的首批留学生就派上了用场，成为首批懂外文的外交家，最有代表性的人物就是船政学子陈季同和罗丰禄。一个是前学堂学法语的高材生，一个是后学堂学英语的高材生。两位都成为中国近代外交史上的风云人物。

当时的清廷，还不知道如何建立使馆，想派人到国外打听。于是就请沈葆桢推荐人才。“众皆惮风涛”，唯独陈季同听到此事，慨然请行。沈葆桢也认为陈季同可以信任，遂保以四品都司。于1875年随日意格并同魏瀚、陈兆翱、刘步蟾、林泰曾等4名同学赴欧游历。3月17日，他们从福州启程，5月初抵达法国的马赛，分别前往英法两国参观考察。考察四国后，陈季同写成《西行日记》四卷，受到沈葆桢赏识，保举升为三品参将，并加副将衔。

陈季同是近代最早涉足外交的佼佼者。他生于1852年，字敬如，号三乘槎客，福建侯官人。1867年考入船政学堂，为前学堂制造专业学生。因成绩优秀，提前毕业，在办公所任翻译。陈季同聪明过人，记性好，过目不忘。有一次，文案王葆辰谈到《汉书》某事，忘其文字。陈季同随口背出，闻者很是佩服。1874年，随沈葆桢到台湾筹防，参与机要，初经历练。1877年，清政府首次派学生留欧，他是其中之一，并任文案。赴欧后进入巴黎政治学堂修习公法律例，同时又在中国驻英、法、德等国使馆任职。不久，陈季同成为当时欧洲外交界的活跃人物。

自1884年起，以陈季同名字出版的多种法文著作，被翻译成英、德、意、西、丹麦等多种文字，获得了西方公众的广泛关注。这些作品在一定程度上改变了当时西方人对中国的偏见。

当时，欧洲上流社会流行以法语为社交语言。清廷驻德国使馆的翻译较驻英使馆少，加上公使馆无专职武官。陈季同兼任武官，凡与德国皇室、政府、外交部及各国公使来往公务，或阅兵参观应酬等事，均须参与。1881年陈季同还陪同李凤苞前往维也纳和阿姆斯特丹，晋见奥地利、荷兰国王。中法两国因越南问题，外交谈判陷入僵局。1883年4月陈季同北上见李鸿章后，同年7月16—31日，陈季同返回德国途经巴黎频繁会见法国朝野人士，陈述中方立场，探查法方态度，并将与各方会谈详情逐日记载，写成《巴黎半月密记》，寄呈李鸿章，抄送总理衙门。由于陈季同的努力，两国重新回到谈判桌上。

在中西文化关系史上，陈季同可以说是一位具有典范意义的先驱。他的多种法文著作，如《中国人自画像》《中国人的戏剧》《中国娱乐》《中国拾零》《黄衫客传奇》《一个中国人笔下的巴黎人》《中国故事》《吾国》《英勇的爱》等，在法国文坛上享有盛名。他一方面将中国文化、文学直接传播给西方读者，另一方面，将西方现代文学、政治、法律观念引入中国。他译《拿破仑法典》等法律著作，还翻译了雨果的6部主要作品。曾朴走上文学创作和翻译之路即是深受其影响的。

罗丰禄也是近代最早涉足外交的佼佼者。他于1850年10月21日生于福建闽县。1867年，考入船政后学堂学驾驶。1874年3月，大考名列前茅，受到沈葆桢的赏识，破格升任教习。1877年

3月，以候选主事、翻译身份赴欧留学。在学期间兼任华洋“翻译、文案”襄助华洋监督，兼任英、德使馆翻译。1880年2月，学习期满回国，入幕于北洋大臣李鸿章，在北洋水师营务处工作，并兼任李鸿章的英文秘书。1881年2月，经李鸿章奏请由候选主事升同知，赏加四品衔。1883年5月，罗丰禄调升水师营务处道员。翌年春、秋，两次邀同英俄两国水师官兵到天津水师学堂参与天津水师学堂第一届驾驶班毕业会考。1885年，升任天津水师学堂会办。1896年初，作为李鸿章的随从参加沙皇的加冕礼并参与签约谈判；在德国，参加李鸿章与俾斯麦的会见；在英国，谒见维多利亚女皇，获赐“罗稷臣丰禄爵士”；在法国、比利时、美国等进行各种外交活动。1896年清朝廷谕命以二品顶戴记名海关道，赏四品京卿，升任太仆寺卿（从三品），出任驻英、意、比三国钦差大臣。1896年4月，以翻译身份随李鸿章从上海乘法国邮船“爱纳司托西蒙”号赴俄参加沙皇尼古拉二世的加冕典礼，并参加中俄《御敌互相援助条约》（即《中俄密约》）的谈判。1896年11月23日，罗丰禄以二品顶戴记名海关道赏四品京卿出任驻英公使兼驻意大利、比利时公使，1897年授三品京堂衔。1901年8月29日，清廷调罗丰禄任驻俄公使，授一品顶戴太仆寺卿，去与沙俄交涉归还东三省，但罗丰禄由于患鼻癌终未成行。

外文学习为船政学子奠定了阅读外文书籍的基础，留欧学习给他们提供了良好的机会和广阔的空间。

与陈季同翻译法国雨果的名著不同的是，翻译法国小仲马名著《茶花女》的林纾并不懂外文。而林纾走上翻译之路，与一位船政学子有关，他就是王寿昌。

王寿昌（1864—1925），字子仁，号晓斋，闽县（今福州市）人。清光绪四年（1878年），考入船政学堂前学堂，为第三届制造艺童。1885年作为第三批留学生赴欧，在法国巴黎大学学习法律并专修法文六年。毕业回国后任船政学堂法文教习。清廷修建京汉铁路时，向法国借款，聘其为总翻译。京汉铁路建成后，被调往汉阳兵工厂任总办，为湖广总督张之洞所器重，经理对各国事务。1912年春，回福建，任福州交涉司司长，负责对外交涉事宜。与外国人交往时，言行得体，不失人格、国格。三年后，回船政学堂任法文教习。

王寿昌爱好文学，留法期间就阅读了大量西方文学名著。回国时，带回许多法国小说。小仲马的名著《茶花女》就是其中之一。1897年初夏，林纾因丧偶郁郁寡欢。好友魏瀚劝他离开老家，到马尾住些时日，散散心。在马尾期间，正在船政学堂任教的王寿昌就向林纾谈起法国文学，向他介绍《茶花女》，深深地打动了林纾。于是两人合译，王寿昌每日口译一小时，林纾笔录三千字，不到半年时间，就将全书译完，定名为《巴黎茶花女遗事》，当时，小说被视为末流，爱情小说更不能拿到台面上。所以，首次译出不敢用真名，林纾署笔名冷红生，王寿昌署笔名晓斋主人。译稿校对后，由魏瀚出资，送福州南后街吴玉田作坊木刻刊印。光绪二十五年（1899年）二月面世，但当时只印100本，主要是分赠亲友阅读。

1899年夏，上海素隐书屋将《巴黎茶花女遗事》委托昌言报馆代行刊印发行，随后归商务印书馆出版。一时纸贵洛阳，风靡全国，各种版本相继出现，计有二三十种之多，“国人见所未见，不胫走万本”。这部译著令国人大开眼界，好评如潮。严复曾题诗说：“可怜一卷茶花女，断尽支那荡子肠”。这部译著很能打动当时不满封建专制、争取婚姻自由的青年读者的心。它是一部具有反封建意义的文学作品，对当时的西方进步文化在中国的传播起了重要作用。这部译著的成功，大大鼓舞了林纾的翻译热情，使他一发不可收拾，走上翻译小说之路，引起了国人的瞩目，在文坛上渐负盛名，成为一位古今罕见的不懂外语的翻译家。

億載金城

第八章

甲戌巡台

沈葆桢对台湾的治理开发，在台湾的发展史上写下了伟大的一页。恭亲王奕䜣评价其“经营台湾关系海防大局”。

1874年即农历甲戌年，沈葆桢巡视台湾，此事与东邻日本有关。

日本借口侵台

日本经过明治维新后迅速走上对外扩张的道路。它首先把目光投向邻国的台湾，且从靠近日本的琉球群岛入手。琉球群岛是明清两代的藩属国，从明洪武五年（1372年）起就接受明政府的册封，向中国朝贡，500年来从未间断。

1871年底，有两艘琉球贡船遇风漂至台湾，其中一艘在台湾南部触礁沉没，船员游上岸后，有54人被土著居民杀害，其余12人被营救。随后由清政府派员安抚，并与另一艘船获救的船员一起，乘坐轮船经由福州转送回国。1872年，日本册封琉球王尚泰为“藩主”，强迫建立日、琉宗藩关系，为其吞并琉球作准备，也为侵略台湾寻找根据。

1872年6月，日本外务卿副岛种臣以换约和庆贺同治皇帝亲政为名，来到北京。21日，副岛派外务大臣柳原前光到总理衙门探询清廷对琉球船民被害的态度。总署大臣毛昶熙回答，该岛之民向有生熟两种。其已服我朝王化者为熟番，已设州县施治；其未服者为生番，姑置之化外，尚未甚加治理。日本即抓住生番、化外的只言片语，作为侵台的借口。1874年4月，日本正式设立侵台机构——台湾都督府，并组成征台军。5月10日，日陆军中将西乡从道率3600多人在台湾琅峤（今恒春）登陆，兵分三路进攻并占领了牡丹社，牡丹社酋长阿禄阵亡。随后，日军向后山南北各处番社分发日本国旗，准备长久霸占台湾。

沈葆桢巡台

对日本的侵台事件，清政府起初一无所知，直到4月19日通过英使威妥玛才知道此事。5月14日同治皇帝谕旨派沈葆桢带领轮船兵弁（士兵和低级武官的总称）。以巡阅为名，前往台湾生番一带察看，并择机处理。5月29日，清廷另颁新谕，授沈葆桢为钦差，办理台湾等处海防兼理各国事务大臣。6月14日沈葆桢与会办福建布政使潘霨和日意格、斯恭塞格等分别乘“安澜”“伏波”“飞云”等舰巡台。船政的轮船水师（船政第3号轮“福星”号建成后，沈葆桢奏请清政府批准成立，即中国第一支海军舰队）发挥了重要的作用。

船政建造的第3号轮船“福星”号

外交备战两手抓

沈葆桢接受巡台任务后，于1874年6月3日上奏折，称日本以怨报德，越境称兵，中西人人发指，此时示以挞伐之威，是正确的。他提出联外交、储利器、储人才、通消息的主张，认为通过外交途径使日本能迫于舆论压力而撤兵为上策；而中国器械不够精良，日本有铁甲船，我国没有，必须储利器，铁甲船不能不购，各种洋枪、巨炮之类不能不多购，而且要快；要调遣精兵良将赴台；欲消息常通，断不可无电线。随即着手进行战略部署。

第一，固民心。他认为“官民同命，草木皆兵”，重点是三方面工作：一是“师直为壮”，坚持正义；组织声讨敌人“侵我土地，戕我人民”，穷兵黩武的侵略者必亡。二是认为当地的民心可用，通过认真的动员，让军民同仇敌忾，众志成城，一致抗日。三是让朝廷“坚忍持之”，不要“急于求抚”，不要太软弱。

第二，联外交。一是谴责日本的侵略，照会中强烈提出：（1）“生番土地，隶中国者二百余年”，主权在中国；生番是中国人，杀人偿命，自有中国的法律来处理。（2）“琉球虽弱，亦俨然一国”，自己可以“自鸣不平”；日本“专意恤邻”，可以通过外交来解决。（3）针对日方提出“劫掠”船民的问题，据理力争，“凫水逃生，何有余货可劫？”（4）郑重提出“中国版图，尺寸不敢以与人”。拿出《台湾府志》各个番社与台湾政府定的契约给西乡从道看，令其哑口无言。同时知会英美等国，说明情况，争取国际上的支持以孤立敌人。

第三，预边防。汲取鸦片战争的教训，防止日军掉头侵犯福州厦门等沿海一带，采取加强沿海防务措施，调集各舰船，部署在沿海各地，以防不测。同时增派4营兵力加强福建沿海一带的陆上防御。

第四，通消息。当时还没有无线电联系，沈葆桢运用4艘兵轮进行联络，互通消息，重要文报一天内便能得知。同时提出架设电线，快速通消息。后因日本撤军，没有马上实施。1877年，安平到台南，再到旗后的电线由后任丁日昌组织架设成功。

1874年6月19日，潘霨、夏献纶乘舰前往琅峤，与西乡从道交涉退兵。会谈三次，均没有结果。针对当时的形势，沈葆桢提出迅速装备铁甲舰的构想。但李鸿章认为沈葆桢设防备舰，并非一定要与之用武。还多次写信劝说沈葆桢“坚忍，勿开战”，只自扎营操练，不要开战挑起事端，并密令淮军将领唐定奎，到台后不可轻率从事。

沈葆桢深知李鸿章的主和态度，也了解清廷的软弱，但作为台防的钦差大臣，他积极着手布置全岛防务：在府城与澎湖增建炮台，安放西洋巨炮，并运来洋炮20尊，洋火药4万磅，火药3万磅；在安平厦门间装置海底电线；增调淮军精锐武毅铭字军13营6500人入台，部署于凤山；陆上防务北路由台湾镇总兵负责，南路由台湾兵备道负责，海上防务以扬武、飞云、安澜、清远、镇威、伏波六舰常驻澎湖，福星一号驻台北，万年一号驻厦门，济安一号驻福州。沈葆桢还招募台湾少数民族组成“绥靖军”“安抚军”两支洋枪队。由于备战得力，士气民心为之大振。清政府同意尽数截留台湾税收、厘金，并将海关税课及地方厘金等共二十万两交台湾使用。这些措施的施行，形成相当的声势，使日军不敢放肆。

当布防基本就绪后，沈葆桢还制定了将日军“尽歼于海隅”的计划。沈葆桢认为，农历六七月间风浪汹涌，轮船难泊，日军虽有铁甲船，但不能近岸，可乘风雨来临，一鼓作气，歼灭日军。如错过这个季节，就难以奏效。此时，我军有1万多人，士气高涨，台湾民众全力支持，备战亦较充分。而侵台日军仅3000多人，而且这时候，侵台日军因气候炎热，水土不服，疾疫流行，每日死者四五名至数十名（共死亡561人），士气极其低落。中日双方此时交战，日军必败无疑。

日本被迫撤军

这时候，台南南部恶性疟疾流行，侵台日军因气候炎热，水土不服，疾疫流行，每日死者四五名至数十名，士气极其低落。在进退维谷、内外交困的形势下，日本不得不寻求外交解决的途径。日方全权代表大久保利通偕顾问美国驻厦门领事李仙得于1874年9月到达北京。当他抵达上海时，获悉沈葆桢加紧制造和购买铁甲舰的消息，更加紧张。在前后七次谈判中，日方仍坚称日本进兵的是“无主野蛮”之地，对此清政府予以严厉驳斥。大久保利通认识到，只有在清政府所坚持的“番地属中国版图”的前提下，才能和平解决日本侵台问题。在英、美、法三国出面调停下，腐败无能的清政府作出妥协让步，于10月30日签订了丧权辱国的《北京专约》。

日军随后于1874年12月撤出台湾。

此后，沈葆桢就上了一个奏折，这就是《请移驻巡抚折》。在这份奏折中，他提出了详尽的治理台湾的对策，归纳起来大致是：

一是要抓住日军撤退的有利时机做好善后工作。而这一次的善后工作与过去不一样，台湾的善后工作就是整顿治理台湾的开始。正因为是开始，因此难上加难。

二是为消除侵略者的觊觎之心，从长远考虑，必须“一面抚番，一面开路”，而且二者必须同时进行。

三是只有开禁才能开山招垦，才能发展台湾经济。要开山，就必须招垦。不先招垦，则“路虽通而仍塞”，要招垦，就必须开禁。不先开禁，“则民裹足而不前”。而开禁，就是要把原先制定的旧例破除掉。

四是更制改革，事关重大，巡抚分驻是可取的办法。这样做的好处有，比如指挥权集中，遇事当机立断，并付诸实施；平时加强军事训练等等，事关福建乃至中国海疆的安宁。

五是保台治台，关键在得民心。“台地一向饶沃，久为他族所垂涎”，台湾为七省（即广东、福建、浙江、江苏、山东、直隶、奉天七省，囊括全国的海岸线）之门户，关系重大，“未雨绸缪之计，正在斯时”。而“欲固地险，在得民心”，而要得民心，就必须先修吏治、加强和搞好行政。要变革，要创建，要“化番为民”，须花数十年的工夫来治理。只有经过长期的治理，“生番、熟番”才能浑然无间。台湾的近代化建设才能生机勃勃，蒸蒸日上。

六是“惟台湾有备，沿海可以无忧；台湾不安，则全局震动。”从国家全局高度来看台湾防务建设的重要性。从这时起，他相继实施了一系列治台政策和改革措施，开创了台湾的近代化建设。

废除禁令

康熙二十三年（1684年）统一台湾之后，清政府采取了两项

对台湾发展极为不利的政策：一是将向清廷投降的郑氏集团成员调回大陆。二是批准施琅的建议，颁布了三项禁令（经批准获得渡航许可证才能赴台；渡台者一律不准带家属；广东一带的不准渡台），以防止大量移民赴台与郑氏旧部结合。

这一期间，大陆居民要移居台湾，只有偷渡，但清廷对于偷渡者亦作出了严厉的惩罚规定并严禁“生番”“熟番”之间的交往。

当时的禁令严重阻碍了台湾生产力的发展，限制了台民生计和自由。沈葆桢总结了历史的经验教训，认为要建设台湾，加强海防，就必须革除禁令。为此他以钦差大臣的身份向朝廷打了报告，获得批准。从此，长达190余年的渡台禁令被废除了。

于是，从1874年起，厦门、汕头、香港三处设立招垦局，积极奖励大陆居民移居台湾，以便开垦台东、恒春及埔里一带“番地”。据当时赴台招垦章程条文，政府极力优待移民台湾者：移民不仅可以免费乘船、享受免费膳食，并且从登陆到开垦地，每人每日可领口粮银100元；到了开垦地，以6个月为一期，前后分为二期，前期每人每日可领银8分，米1升；后期每人每日领米1升，优待长达一年之久；开垦成绩优异者，另有奖赏。这些开垦者在开垦地筑土围，盖草屋，过团体生活，每10人为一组，向政府领取农具4件，耕牛4头，种子若干，每人授田一甲及附近原野一甲，均编立字号，每月检查一次垦殖成绩。

解除禁令后，福建沿海的人力、物力、生产技术源源不断地流向台湾。如果说郑成功收复台湾带动了福建沿海人民第一次大规模移居台湾，那么沈葆桢促使清政府解除禁令，则引发了福建沿海人民第二次大规模移居台湾。从此以后，台湾的人口大量增加，台湾和大陆可以自由通商、通航，带来了台湾经济的一次飞跃。

开山抚番

沈葆桢把开山与抚番看成是相辅相成的事。这项艰巨的任务由沈葆桢当时率领的驻台部队分北、中、南三路进行开展。北路自苏澳至岐莱，由陆路提督罗大春负责。南路分为两支，一支从凤山县赤山到山后卑南（今台东）；另一支从射寮到卑南，由台防同知袁闻柝负责。中路自彰化林杞埔（今南投县竹山镇）而东，至后山璞石阁（今花莲县玉里镇），打通山前山后。由南澳镇总兵吴光亮主持。

公路工程相当艰巨。一是地形险恶，多是高山峻岭。二是少数民族不了解开山意图，常发生袭击事件。三是疾疫侵袭，半年间阵亡、病故或伤故者，达到2000人。至光绪元年十月（1875年11月），1年时间，开路430公里，完成了前山和后山陆路通道。

开山，沈葆桢把它分解为14方面的内容：屯兵驻扎，既守卫又开山；划清山界，兴修林木；焚烧荒草，开山种地；修通水道，便于灌溉；勘定地界，便于管理；招垦移民，发展农业；分给牛种，发展耕牛；设立村社，整顿治安；建立碉堡，坚壁清野；给惠工商，发展经济；设置官吏，以利行政；建城设市，鼓励流通；设立邮政，发展通信；设立旅店，利客利民。从内容上可以看出，开山不仅是开辟一条山路，而是结合抚番，将建立行政、招垦开荒、发展手工业商业贸易、建设城镇村落、通邮通商以及发展经济结合起来，进行全面的建设，大大加强了台湾的开发和稳定。

抚番工作也异常困难。

所谓番，指的是台湾少数民族。他们长期与外界隔绝，与

大陆移民台湾的汉族同胞之间存在某些误解，而对于歧视他们的清政府官兵矛盾更深，往往产生不同程度的摩擦。这是有缘由的，因为自康熙统一台湾之初，对他们的“治理”，全是消极的政策，即所谓封禁“番界”，使汉人不得进入以起“番衅”，使“生番”不得逸出界外，以肇“番害”。至同治十三年（1874年）前，对先住民采取的是禁治办法，这对开发台湾是极大的障碍。沈葆桢上书开禁，废除以往的“围堵”之策，实行“疏导”之法，即“抚番”方法：选土目，查番户，定番业，通语言，禁仇杀，教耕稼，修道途，给茶盐，易冠服，设番学，变风俗，等等。这11项，除“易冠服”一项外，其余基本上没有民族歧视的色彩。

在抚番的执行中，沈葆桢认为，地方官员不能强制而行，不能把高山居民看成“化外”之人，要“结人心，通人情”，对发生在民族地区的事件要做具体分析。比如，1875年琅峤狮头社“动乱”，沈葆桢对接受“招抚”者，示约七条：“遵剃发、编户口、交凶犯、禁仇杀、立总目、垦番地、设番塾”等。商定立“龟纹社酋长野艾为诸社的总目，所统番社如有杀人，即着总目交凶。如三年之内各社并无擅杀一人，即将总目从优给赏”；并将竹坑社更名为永平社，本武社更名为永福社，草山社更名为永安社，内外狮头社更名为内外永化社。从思想宗旨上，让全社人意识到要“永平”“永福”“永安”“永化”，不要“武”“狮”“草”等。

在处理善后中，沈葆桢把举办教育放在重要地位，“于枋寮地方先建番塾一区，令各社均送番童三数人学语言文字，以达其性，习拜跪礼让，以柔其气，各番无不帖服”。此后，又在虎头山、 四重溪等14处设立学校，从根本上提高文化素质，并特编

《训番俚言》作为教材，给全台义塾使用。沈葆桢的生番教育促进了民族交流和融合，也成为提高台湾少数民族文明程度的重要举措。

开山抚番是巩固台防的根本性措施，它使东西海岸连成一片，有利于巩固海防，同时对促进经济发展和民族交往，以及提高文明程度，都有着重要的意义。

加强对台行政

沈葆桢认为改革台湾行政体制必须提到议事日程，必须有一巡抚级的大臣主持台政。这是实现“事权统一”、开创台湾未来的关键。根据当时的情况，他提出了移驻巡抚的方案。

关于台湾的行政体制，在康熙二十二年（1683年）郑克塽投降，清朝统一台湾后，采纳了施琅的意见，下设台湾府，隶属福建省。乾隆时期，由闽浙总督、福建巡抚以及水师、陆路提督每年输值一人，至台巡查。嘉庆时期，改为福州将军及闽浙总督每隔三年轮值赴台巡查一次。当时台湾隶属福建，只设一道一镇，分治民、兵，不相统摄，事权不一，吏治荒怠，积弊丛生。而台湾战略地位重要，列强觊觎已久。历史教训和现实情况使沈葆桢警觉地认识到加强台湾行政管理的重要性和紧迫性。

沈葆桢奏请朝廷移巡抚驻台湾，还因为台湾山前山后的交流和变革才刚刚开始，非十数年工夫是不能成功的；化番为民的工作十分艰巨，也非短期可以奏效。但要单独立省，当时的条件又不具备，台饷还需闽省协助，闽省食米亦有赖台湾接济。如果派钦差大臣前来主持，事权虽重，但驻台时间不可能太长。如果久驻，在钦差大臣与督抚之间，台湾的官员就有“两姑为妇之难”。因此沈葆桢提出将福建巡抚移驻台湾的方案。他建议“仿江苏巡抚分驻苏州之例，移福建巡抚驻台”。清政府采纳了沈葆桢的建议，从1875年11月起定为福建巡抚冬春二季驻台，夏秋二季驻福建。这一制度的设立对加强对台行政有着重要的意义，也为后来台湾建省奠定了基础。

台湾原是福建一个府，府治设在台南。设有四县（台湾、凤山、嘉义、彰化）、两厅（淡水、噶玛兰），各县之辖区太广，政治中心又都偏于中部、南部，对北部广大地区鞭长莫及。为了加强对台北地区的开发，沈葆桢向清廷奏请于艋舺设台北府。在台北府的管辖下，新设置了淡水、新竹、宜兰三个县治。改噶玛兰通判为台北府分防通判，移驻鸡笼。这样便加强了对台湾事务的掌控。从此，台北府成为台湾又一政治重心。后来台北成为全台湾的政治经济中心，这和沈葆桢的行政体制改革措施是分不开的。

与此同时，沈葆桢对台湾行政体制也作了一些调整。日军撤退后，沈葆桢专程到琅峤一带勘察。看到这里洋面险恶，船舶时常触礁，番民常有纷争，外寇常来侵扰，于是决定在此设置行政机构。1875年初，奏请朝廷批准，在琅峤建城置吏，定名为恒春县。除增设恒春外还设立淡水县，改原淡水厅为新竹县，原噶玛兰厅为宜兰县。

在析疆增吏的同时，着力建设城郭和县治。沈葆桢把乾隆时期大学士福康安倡建的台南府加以重修，使之更加坚固，还修建了恒春城，为台湾目前保存较完整的一座古城。新建了台北府城。

台湾原来设有南、北两路理番同知，前者驻于府城（今台南），后者驻于鹿港。但台湾东部山区地广人稀，民番交涉，鞭长莫及。于是，沈葆桢大胆改革，将南路同知移驻卑南，北路同知改为中路，移驻水沙连（今南投县埔里），都冠以“抚民理番同知”头衔，负责治安与少数民族事务。至此，台湾地区所设郡县已能统辖台湾全境。

加强海防、陆防

沈葆桢认为，台湾延袤一千余里，处处滨海，到处可以登岸，“陆防之重尤甚于水”，所以他在加强海防的同时，针对存在问题，切实加强了陆防。

沈葆桢来台前，台湾一直实行班兵制，即驻台兵丁由福建绿营抽调，轮番戍守，以三年为期。原规定班兵以家属为人质。但因为远赴台湾，生活艰苦，家属均不愿前往，因此冒名顶替极多，留下的人素质极差，中间还有不少流氓地痞，常发生勾结无赖欺压百姓的情况。营务松弛，难堪重任，因此，备战防敌，开山抚番，皆由新来军队为主。革除流弊，更改营制，统一指挥就成为沈葆桢改革营伍的重要内容。

根据巡抚半年驻台的情况，沈葆桢将营伍归其统辖。千总以下的武官，由巡抚考核提拔；守备以上的武官，仍然会同总督、提督拣选提补。台湾镇总兵，不再挂印，归由巡抚节制。

台南亿载金城

当时在台湾的军队，除澎湖两营外，尚有15营。沈葆桢于1875年8月奏请仿淮军、楚军营制而归并台地营伍，以500人为一营。将淡水、嘉义等三营调至府城，合府城三营、安平三营为一支，专顾凤山、台湾、嘉义三县；其北路协副将所辖中、右两营，合鹿港一营为一支，专顾彰化一带；艋舺、沪尾、噶玛兰三营为一支，专顾淡水、宜兰一带。澎湖两营，专门负责保卫澎湖。均要求严肃军纪，认真训练，扼要驻扎。遇到突发事件，立时移拨调动。

为了加强台湾防务，满足军事指挥的需要，让朝廷能对全台有个直观的了解，沈葆桢派出船政委员张斯桂，带领船政学生走遍了台湾的山山水水，历数月绘制了台湾全图，并详细描述南北中路各番族状貌风俗，以及出产花果，详细分图36幅，并由沈葆桢亲自带到上海装裱。

沈葆桢派人赶赴欧洲购买铁甲船、水雷、洋炮、洋枪等新式武器，提升装备。聘请外国工程师，仿西洋新法，在安平南面设计修筑安平炮台。并亲自在城门内外分别题字万流砥柱和亿载金城。这是我国最早用混凝土建造的新式炮台。在屏东东港建造东港炮台。在高雄的鼓山和旗山建造打狗炮台。他还在修筑的新炮台内，安放新式大炮，炮台内装备5尊18吨洋炮，40磅和20磅小炮各4尊，还有100余杆后膛洋枪。为了配合加强台湾防御的部署，沈葆桢还在台湾建军装局、火药局，并从马尾船政抽调枪炮火药生产制造技术人员来台主持。

沈葆桢还将船政所造舰船15艘派驻台澎，以加强台海的防范。其中，扬武、飞云、安澜、靖远、振威、伏波等6艘兵轮常驻澎湖，福星轮驻台北。

坐落在台南的郑成功祠原建于清初，本名开山王庙，以纪念郑成功收复台湾之功。沈葆桢赴台后发现，在台汉人多为随郑成功赴台者的后人，清朝统一台湾后，他们虽不敢公开祭祀郑成功，但仍争相私祭国姓爷。沈葆桢从保台爱国的高度出发，为顺舆情，抚民心，请旨表彰郑成功，要求朝廷给郑成功赐谥、建祠，列入国家祭典，追谥郑成功为“忠节”，准在台湾建“忠节祠”。1875年重建开山王庙，竣工后定名为“延平郡王祠”，因为南明永历帝曾封郑成功为延平郡王，并配祀郑氏家人和文武官员114人。他还亲自撰写了“开万古得未曾有之奇，洪荒留此山川，作遗民世界；极一生无可如何之遇，缺憾还诸天地，是创格完人”等楹联。

清代台湾延平郡王祠

延平郡王祠现貌

清代台湾安平古港

安平古堡遗址

郑成功祠采用福州式建筑，匠首与木材皆来自福州，由福州船政的船只承运。

通过建祠表忠确定了郑成功的地位和通过配祀缅怀了对保卫台湾做出贡献的英烈，在台湾社会上树立忠君报国的典型，增强了台湾百姓对国家的认同和忠诚。收复台湾的郑成功和保卫与建设台湾的沈葆桢，至今还受到台湾人民的纪念。

沈葆桢还奏请在嘉义建祠，祭祀为保卫台湾而牺牲的官民。同治元年，彰化戴万生逆乱，嘉义两次被围，历时8个月，援穷粮尽，官民死守。文武员弁潘恭赞、林廷翰、王鹤康、林上达等，及义民潘缔等44人捐躯。沈葆桢奏请建祠祭祀，以慰忠魂。对开山抚番殉国的将士如游击王开俊等，也奏请加恩予谥，或建专祠。对生前在台湾忠君爱民的官员，沈葆桢亦请优恤。

鼓励开发　发展台湾经济

台湾的矿物资源非常丰富，据近代调查，全省共有八十多种矿物，尤以煤矿为多。早在沈葆桢去台之前就已有开采。旧制度规定，台煤的出口和进口，都征同样的税率，这不利于矿产的开发。沈葆桢治理台湾时，减轻了对台煤出口的税收，从而鼓励了台湾煤矿的开采，对地方经济的发展起了促进作用。沈葆桢非常熟悉台湾的实际情况，他认为煤矿是当时台湾经济的基石，必须优先发展。而要畅销，又必须减税。所以他最后请求清政府准予台湾的煤矿减免出口税收。1875年，沈葆桢被奏准使用机器开采基隆煤矿。

石油在台湾藏量丰富，台湾人并不清楚。台湾的石油到咸丰末年才被发现。广东人邱苟，时任通事，因勾引土人，被官府追捕，逃至深山。至猫里溪上流，见水面有油试用燃光很好。

因而，转告吴某。吴某以重金购之，但不知用处，又转售宝顺洋行，得银千余两。因为此事，互相争斗，集众械斗，经久不息。同治九年（1870年），淡水同知逮捕邱苟治罪，又以外商在内地无开矿之权为由，把石油藏地封锁起来。沈葆桢到台听说此事，很高兴，遂呈报，设法开采。至光绪四年，聘请两名美国工程师勘验，以后垅油脉最旺，乃购洋机器取油。开始出的是盐水，挖至数十丈，发现油脉，滚滚而出，每日可生产15担。虽然后来工程师因与官方不融洽而辞职，但沈葆桢的决策和试验，为石油开采起到了奠基的作用。

开山抚番，开通了近千里的山地公路，为使公路两旁的土地得到开发，解决军粮供应紧张，沈葆桢允许远近商人贩米进城销售，以刺激民营农业生产规模的扩大。

沈葆桢重视手工业和商业等民办企业的发展。他废除严格限制“铸户”、严禁私开私贩铁斤的旧例，允许私人铸造铁锅等器皿和各种农具，从而调动了手工业者生产的积极性，不久，民营的手工业作坊到处可见。沈葆桢还废除了严禁竹竿出口的禁令，鼓励商人在全岛随处设店经商做买卖。

由于民营农业、手工业和商业的蓬勃兴起，台湾东部花莲港一带百余里的田野，以及中部广阔的盆地，都被开发成农田，花莲港平原北端和其他许多地方，城镇不断涌现，商贾云集，百货畅流，人丁兴旺。

沈葆桢对台湾的治理开发，在台湾的发展史上写下了光彩的一页。恭亲王奕䜣对他的评价是：“经营台湾关系海防大局。”李鸿章给他的信中说道：“我公在彼开此风气，善后始基，其功更逾于扫荡倭奴十万矣。”

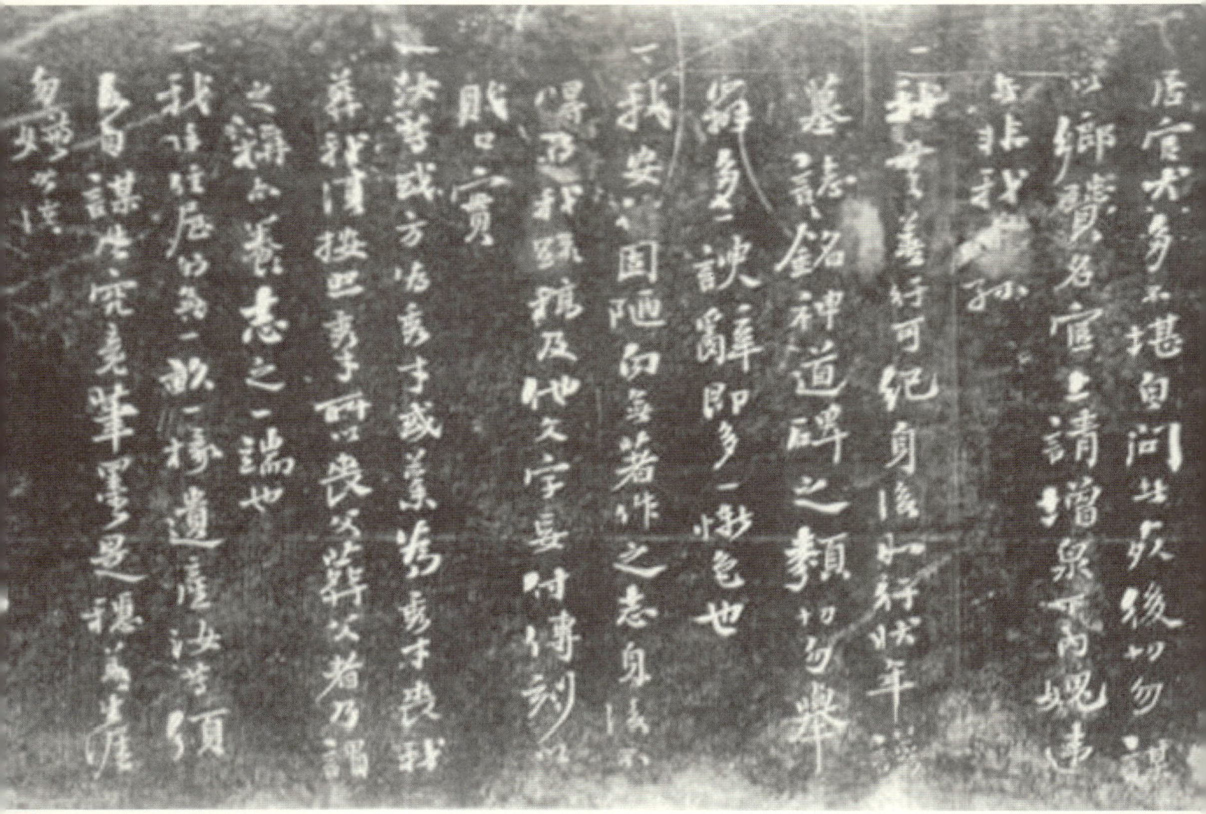

第九章

总督两江

两江总督管的是富庶的江南，而当时的江南饱经战乱，民不聊生，社会动荡。在沈葆桢的任上问题成堆。而他首先做的就是稳定社会秩序，恢复生产。

1875年4月，沈葆桢巡台期间，清廷做了个决定，补授沈葆桢为两江总督兼南洋通商事务大臣。这时，沈葆桢在台湾，没有赶回来赴任，而是写了辞呈。直到朝廷再三催促，沈葆桢才于7月24日从台湾回来。回福州后，他最重要的事项，就是推荐接班的船政大臣人选。因为他最不放心的就是日后的船政。他与福州将军、福建巡抚协商十多次，最后确定丁日昌为继任人选。直至朝廷任命丁日昌为新任船政大臣后，才于10月到江宁（南京）赴任。

两江总督管的是三省一市。江南饱经战乱，当时已是民不聊生，各种灾害频繁，土地大量抛荒，经济一片凋敝，社会动荡不安。在他的任上问题成堆，最头疼的还是财政空虚。当务之急就是稳定社会秩序，恢复生产。

治乱救灾

江南连年战乱，土匪丛生，秘密会社活动频繁。沈葆桢用大量精力来治乱，采用购买眼线、惩首恶、散胁从的办法，取得了成效。用了一年多时间，基本上稳定了社会秩序。然后严明吏治，坚持风规整肃。几起大案起到了极大的震慑作用。例如，詹启纶杀人案。詹启纶是提督衔总兵，级别不低，为朝廷立下了汗马功劳。沈葆桢复审时认真调查，从证人入手，抓住证人所述口径不一和自相矛盾的地方，终于查清官商合伙做生意，失利后致使人命的原委。以故意殴人误伤人命论处，判詹启纶绞刑缓刑。总兵陈国瑞骄横跋扈，曾因与武将李世忠挑衅，被降职。却仍目无法纪、任性妄为，被革职并发往黑龙江。提督衔记名总兵刘福兴因讹诈洋银40元、期票203元被革职处分，并发往黑龙江。

1876年，两江灾患频繁，纵横数百里遍地蝗虫，灾民十余万涌向南京、苏州、上海、扬州等地。沈葆桢上奏设立捕蝗局，联合各省一起，发动军民全力灭蝗。他采取各种办法减轻其危害，如留养（截留税赋，救济灾民）、资遣（发口粮，遣返外流人员）、工赈（以工代赈，修堤浚河）、典牛（入冬农民典当耕牛，来春赎回），渡过难关，保住秋粮丰收。1878年，长江发洪水，运河暴涨，灾情严重，沈葆桢组织抗灾，创修运河扬州段东西两堤。1879年又组织对高邮四个水坝的创修。

1876年上半年，沈葆桢报请朝廷，说明江苏厘金局厘金来源枯竭，请求减轻江苏百姓税负；下半年又奏请赈济安徽饥民。1877年沈葆桢奏请减免江苏钱粮，奏请安徽贵池煤矿减税至每吨税银一钱。这些都有利于老百姓的休养生息。

吴淞铁路案

美国违反《中美续约》的承诺，擅自伙同英国财团在上海买了一段地皮，修建吴淞铁路。吴淞铁路，全长8千米，南起苏州河北岸北河南路，北达吴淞镇。光绪元年十二月（1876年1月）开工，翌年闰五月九日（1877年6月30日）通车。开工后不久，即引起上海关的注意，随即照会英国领事麦华陀，要求其停办。沈葆桢极力阻止，派盛宣怀、冯焌光严正交涉。几天就照会一次，并利用通车后第11天即辗压死华人一人之事和官民强烈反对英美修铁路的有利时机，大造舆论，施加压力。而英国使馆则向李鸿章施加压力，并借马嘉里事件进行要挟。英、德、法、美四国的军舰还齐集烟台港示威。李鸿章提出折中方案，认为可以买

下来自营，出资28.5万两买断。英方提出由洋商经营。沈葆桢坚持自主原则，谴责“事事听命西人”有损国体，认为李鸿章的方案有保自主之名而无中止之实，强烈要求买断拆毁。烟台谈判是李鸿章出面，折中退让；南京谈判是沈葆桢出面，态度强硬，最终按沈葆桢的方案签约，取得了外交上的一次胜利。

念念不忘制海权

1875年5月，清廷分别任命李鸿章与沈葆桢担任北洋与南洋大臣。7月，总理衙门决定每年各拨给两洋水师200多万两海防经费。款目不少，但不足购买一艘较大的铁甲船。一心一意想购铁甲船的沈葆桢，几经考虑，认为应把钱集中使用，才能发挥更大效能。而北洋近在京畿，比南洋更需要取得制海权。11月，他一到南京就提出把南洋这项海防经费拨给北洋使用，三年计700万两，连同北洋的经费，可以买一批铁甲舰。以此为核心，配合福州、上海等地生产的舰艇，就可建立新型舰队。他从全局着想，支持友军，极为难得。

沈葆桢对台湾战略地位认识的深刻性、重要性和紧迫性是同时代人达不到的。他认为“东洋终须一战”，临终遗嘱还念念不忘日本对台“虎视眈眈”“铁甲船不可不办，倭人万不可轻视”。其念念不忘制海权的远见和忧患意识被随后的马江海战、甲午战争证明是多么富有眼光。

病魔缠身，仍盼“有自强之一日”

沈葆桢在两江总督任上，一直病魔缠身。光绪二年（1876

年）十月，病情加重，畏风如虎，胸膈冰冷，疾咳不出，汗脱眩晕，饮食锐减，腰脚软弱无力。而且失眠加重，常常“一夕数起，危坐达旦”。为免贻误重任，他恳请皇上开缺调理。光绪三年（1877年）十二月，旧病复发，迎风即吐，又一次要求开缺。光绪四年二月初二（1878年3月2日），泄泻数次，痰喘剧烈，再次要求开缺。

光绪五年三月二十四日（1879年4月15日），沈葆桢奉旨进京。四月八日（5月28日）到京。初十（5月30日）、十一（5月31日）、十二（6月1日）三次被召对。极力推荐丁日昌接替他。

十月初六，沈葆桢上奏《病势日甚，请开缺回籍并委员代拆代行折》，再次恳请开缺。两江任上，沈葆桢六次因病上辞疏，均未核准。慈禧要他“共体时艰，毋萌退志”。十一月初六（12月18日），溘然长辞。享年60岁。

光绪三年五月二十二日（1877年7月2日），沈葆桢提前留下遗嘱，亲自写下《留示儿孙遗嘱》：

留示兒孫遺囑

沈葆桢《留示儿孙遗嘱》

“我生平荡检逾闲之事，不胜枚举，居官尤多不堪自问者，死后切勿谋以乡贤名宦上请，增泉下内愧，违者非我子孙；我无善行可记，身后如行状、年谱、墓志铭、神道碑之类，切勿举办，多一谀辞，即多一惭色也；我安于固陋，而无著作之志，身后不得将我疏稿及他文字妄付传刻，以贻口实；汝等或方为秀才，或并未为秀才，丧我葬我，须按照秀才所以丧父葬父者，乃谓之称，亦养志之一端也；我除住屋外，无一亩一椽遗产，汝等须各自谋生，究竟笔墨是稳妥生涯，勿嫌其淡；同族无论远近，自祖宗视之，皆一体也，缓急相恤，惟力是视，切勿以其远也而疏之。”

沈葆桢后代坚照遗嘱，一一遵行。正因为如此，失去了许多编纂汇集沈葆桢文集的机会，也因为年久时迁，痛失了许多宝贵的史料。

弥留之际， 沈葆桢向第四子瑜庆交代后事，口授遗疏，其中说道：“窃以天下之弊，在于因循，矫其弊者，一变而为鲁莽，其祸较因循为烈。”认为：“倭人夷我属国，虎视眈眈”，

沈葆桢墓

“臣所每饭不忘者也，在购买铁甲船一事，今无及矣，而悬悬之愚，总以为铁甲船不可不办。倭人万不可轻视。”临终前仍放心不下海防建设，忧心国家安危，其爱国尽忠之情，令人敬仰。

沈葆桢谢世的消息传到朝廷，朝廷极表惋惜悼念。

12月26日，即沈葆桢谢世后八天，光绪皇帝谕：两江总督沈葆桢秉性沉毅，练达老成，历受先朝知遇，由翰林任知府，洊擢封圻。前在江西巡抚任内，筹办军务，悉协机宜，嗣因歼除粤匪余孽，赏给一等轻车都尉世职，朕御极后，擢任两江总督，于地方利弊，认真整顿，任事实心，不辞劳怨。前因旧疾增剧，吁请开缺，当经赏假两个月，方冀调理就痊，长资倚任，兹闻溘逝，悼惜殊深，加恩追赠太子太保衔，入祀贤良祠，以总督例赐恤，任内一切处分，悉予开复。应得恤典，该衙门察例具奏。灵柩回籍时，着沿途地方妥为照料。伊子附贡生沈玮庆着给举人，准其一体会试；附生沈莹庆、沈瑜庆均以主事用；沈璘庆、沈璿庆、沈瑶庆、沈琬庆均着俟服阕后，由吏部带领引见，用示眷念荩臣至意。后再赐上谕：沈葆桢逝世后，清政府下诏，追赠太子太保衔，入祀贤良祠，准在江西省城和立功省份建专祠，以彰忠荩。谥文肃。年底，灵柩回籍。翌年葬于福州城西梅亭和丰山之阳其先人墓侧。

家行一看遍去
蘭不輕鋤宮有禁
驛偏有幸馱蘄國
鄂又何心過雲夢
安得博徒皆劉孟
能知邊將只馮唐
遲籌帷幄良平集
納橐梯航象寄來

第十章

一生清明

沈葆桢为官 32 年，始终清正廉洁。“唯公则生明，唯廉则生威”，沈葆桢一生以此为座右铭，时时刻刻鞭策自己。

沈葆桢所处的年代是在鸦片战争前后的60年，正是内外交困的多事之秋，是西方文明和东方文明激烈碰撞的时代，也是三千年来未有之大变革时代。

沈葆桢生于这个时代，一生历经嘉庆、道光、咸丰、同治、光绪五朝的风云变幻，涉足内政、外交、军事、经济、文化五大领域，从一介书生到封疆大吏，成为一代名臣，给后人留下了许多珍贵的精神遗产。

在理政方面，沈葆桢为官32年，始终清正廉洁。在江西从政11年，官做到巡抚，回家时还是“一如来时”，两袖清风。回家后生活拮据，开了个裱画店，卖字补贴家计。他勤奋认真，勤政出了名，经常带病坚持工作，最后积劳成疾，病逝在两江总督兼南洋大臣任上。据载，沈葆桢少年时，林则徐曾问沈葆桢：“假如有一天官居要津，你怎么当呢？”沈葆桢回答：“唯明与威耳。”林则徐又问“何以为明？”答：“唯公，则生明。”又问：“何以为威？”答：“唯廉，则生威。”林则徐遂写成横幅“唯公则生明，唯廉则生威”落款“翰宇自勉”。沈葆桢一生以此为座右铭，时时刻刻鞭策自己。沈葆桢谢世后，举办丧事，竟找不到一件体面的衣服，同僚们相顾失声。沈葆桢书房名为“夜识斋”。“夜识”取自杜甫诗句：不贪夜识金银气，远害朝看麋鹿游。沈葆桢晚年思解甲，常语僚属曰“士君子之操行，惟以不贪为主。”欲置小园，建夜识亭，并植忍冬（即金银花），“庶以粗完平生之意”。沈葆桢谢世后，由其子沈瑜庆在涛园内建亭，并请翁同龢书写夜识亭名。

他爱民亲民，凡事总以百姓为主。在任上组织灭蝗救灾，兴修水利，整顿盐税漕税，并采取减税免税、以工代赈等措施，改善了民生，深受民众的爱戴。在临终前的几个月，慈禧太后三次召见他，当面称他“任劳任怨，凡事总以百姓为主”。沈葆桢常将薪俸付之赈灾，任船政大臣，月俸600两，但常常不敷使用，自叹“薪俸到手辄尽，未尝有余”。

他秉公办事，始终保持求实求精的作风。他敢说敢干，敢于负责，作风严谨整肃、雷厉风行、刚柔并举。他敢于整顿，善于治理，严明吏治，对贪官污吏深恶痛绝。他处事精明果断周密，注重质量，要求“精益求精，密益求密”，讲实际，图实效，不作秀，不浮夸，不掩饰，不图虚名。他实实在在地做人，扎扎实实地办事，其务实的精神堪称楷模。

他为人耿直忠厚，刚正不阿。他清正刚毅、不畏权贵。他又能顾全大局，以国家利益为重。他善于推功揽过，经常把功劳推给下属和同僚，而把责任留给自己。

他坚持权操诸我，始终维护祖国尊严，坚守民族气节，十分不易。在涉外问题上，他不卑不亢。办船政顶住了英法等国的干预和压力；处理涉外教案（江西、安徽）有理有节；巡台对日采取备战与外交相结合的策略，维护了主权和尊严。他始终以林则徐为榜样，保持着强烈的爱国精神和民族气节。

在军事方面，沈葆桢具有高级将领的军事才能。在江西自建赣军，从严治军，稳定了局势、然后步步为营，取得节节胜利。在巡台期间，与日军斗智斗勇，终于迫使日军退出台湾。有高级军事指挥家的谋略和战略眼光。任上建立起中国第一支海军舰队，并培养了一大批海军军官和军事技术人才。

在教育方面，沈葆桢引进西方教育模式，创立了与传统教育完全不同的教育制度，开创了近代教育的先河，为中国近代教育体系的形成奠定了坚实的基础，从而推动中国政府逐步建立起适应社会潮流发展的近代教育制度。他的成功，为各地办学提供了榜样，输送了人才，被誉为“开山之祖”。建立了近代留学制度，促进了中国青年对西方文明的了解，使出国留学的青年开阔了眼界，增长了知识，改变了思维，学到了先进的科学技术和管理知识，为加快中国的近代化进程贡献了力量。也正因为有了出国留学，使他们感受到中西方文化的异同。通过对比，了解到差距，促使他们去追求真理，探寻救国良方。为后人留下宝贵的精神财富和文化遗产。

在近代化建设方面，沈葆桢总理船政，建立起当时规模最大的工业基地。他引进西方先进的管理模式，结合中国实际，形成特色鲜明的中国化管理模式。船政顺应了国家对科技人才的迫切需要，通过“引进来，走出去”，自办“特区”，开辟试验窗口，窥视西方“精微之奥”和立足创新，培养了一大批优秀科技人才，为中国近代化贡献了力量，从而推动了中国科学技术的进步和社会发展。

在维护祖国统一方面，沈葆桢甲戌巡台，迫使日本侵略者退出台湾。随后进行善后治理，更是功不可没。他促使台湾走向近代化，密切了闽台关系，促进海峡两岸的经济交流和合作。

沈葆桢还是一位诗人、书法家。有清一代，文风甚盛，诗坛繁荣，派系林立。尊唐和宗宋为诗坛两大主流，而神韵、格调、性灵、肌理等“四说”影响最为广泛。神韵说为王士祯所主张，格调说为沈德潜所主张，性灵说为袁枚所主张，肌理说为翁方纲所主张。到清后期，同光体独树一帜。同光体，指“同（治）光（绪）以来不专宗盛唐者也”，推崇王安石、苏东坡、杨万里等宋诗代表人物，坚持“散文化”“议论化”倾向。沈葆桢受此影响，他的诗联立意高，富哲理，擅议论，常常针砭时弊，有感而发。

1875年台湾闹事，沈葆桢第二次赴台。赴台之前，于二月初八、初九两日（3月15—16日）大开吟局。聚集省城及船政诗人日夜吟唱，得诗千首。唱毕下船，鸣炮起航。此次诗会，皆有命题，仅这些题目就可以看出主办者的思想倾向。如“读骚”是咏屈原的；“灌夫骂座”是讲西汉名将灌夫刚直敢言，骂座被杀的；“思用赵人”是讽刺赵王用赵括替换廉颇，以致长平一战，死了40万人。这些都是耳熟能详的历史故事。

《读骚》二首为：“龙门一读悲其志，转借长沙发难端。我过潇湘作猿啸，芙蓉在水楚天宽。”“美人香草易摧残，鸩毒能容几凤鸾？省识雪庵投水意，从兹踪迹避骚坛。”诗人与司马迁同怀，皆为美人香草易摧残而“悲其志”。

《寄林夫人渔梁旅舍写怀》是诗人夫妻感情的真实流露。摘录几首以飨读者“满地干戈此送君，间关万里一朝分。只因肠断天南路，不敢回头望白云。”“旅馆孤灯梦不长，鸡声无赖月凄

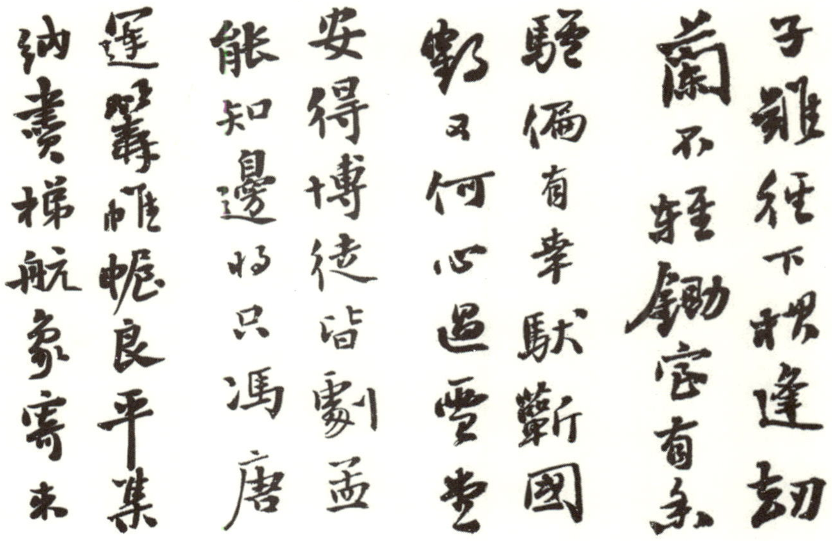

沈葆桢折枝诗手稿四则

凉。定知南浦销魂夜，百倍梁鸿忆孟光。”“两地关心行路难，雁书何日报平安。万重山色斜阳里，数到溪桥第几滩？”读来情真意切，万里征程，分离肠断，宦海飘蓬，旅馆孤灯，犬吠心惊望穿眼，难诉夫妻梁孟情。

折枝诗是福州地区诗歌园地里的一朵奇葩。据成书于清咸丰年间的钱塘施鸿保所著《闽杂记》和李家瑞所著《停云阁诗话》以及清道光二十八年莫友堂著的《屏麓草堂诗话》，其中就载有闽人嵌字与分咏之诗钟作品。折枝诗在福州流行以后，甚得人们喜爱，林则徐、沈葆桢等均乐为此，并流传许多佳句。如林则徐“窗、夜”一唱：“窗虚权借月为榻；夜静每闻风打门。”沈葆桢“白、南”六唱：“一声天为雄鸡白；万里秋随朔雁南。”陈宝琛“花、子”二唱：“梅花虽瘦无寒相；松子初生便大材。”被广泛传抄的是沈葆桢“天、我”五唱：“海到无边天作岸；山登绝顶我为峰。”这对子，对仗工整，哲理深邃，大气磅礴，堪称一绝。

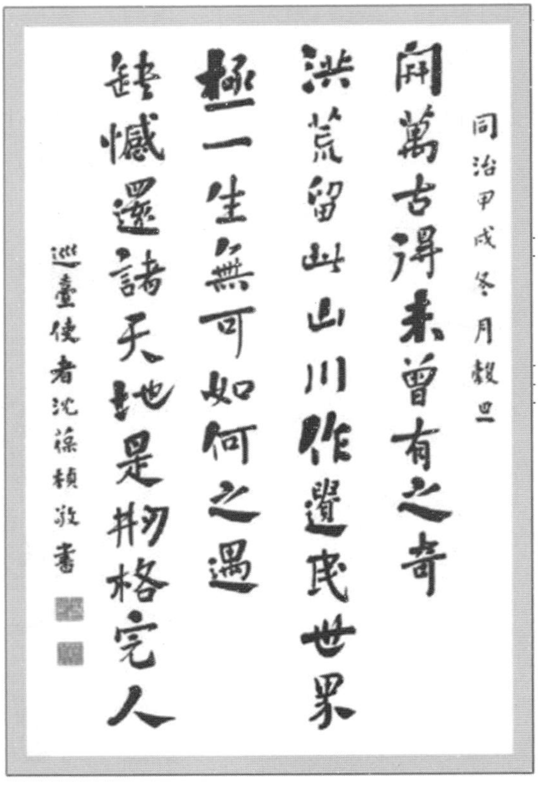

沈葆桢撰书台湾延平王祠联

沈葆桢的诗联实用性强，立意高远。船政衙门成立，他亲自撰写三副对联。头门楹联是：“且漫道见所未见，闻所未闻，即此是格致关头，认真下手处；何以能精益求精，密益求密，定须从鬼神屋漏，仔细扪心来。”仪门楹联是：“以一篑为始基，从古天下无难事；致九译之新法，于今中国有圣人。”大堂楹联是：“见小利则不成，去苟且自便之私，乃臻神妙；取诸人以为善，体宵旰勤求之意，敢惮艰难？”

船政天后宫楹联也是这样。正门楹联：“惟神天亶聪明，愿千秋灵爽式凭，俾倕巧、班工同成宝筏；此地海疆门户，看万顷沧波不动，有冰夷、洛女虔拜云旗。”正殿楹联：“地控制

沈葆桢撰写的对联

瓯吴，看大江东去滔滔，与诸君涤虑洗心，有如此水；神起家孝友，贯万古元精耿耿，愿后世立身行道，无愧斯人！”把对天后的崇拜，变成涤虑洗心、立身行道的普世要求，一般俗手是做不到的。再看看他撰写的台湾延平郡王祠楹联：“开万古得未曾有之奇，洪荒留此山川，作遗民世界；极一生无可如何之遇，缺憾还诸天地，是创格完人。”“海上视师，紫阳于五百年前，早为后贤筹结局；天南晞发，缅甸在八千里外，特延闰朔付孤臣。”“到此地回首凄然，只剩得江上一些儿流未枯眼泪；将斯人苦心参过，更休说世间有那种做不了难题。”也非一般文人能写成的，没有对台湾局势的深刻了解，没有大丈夫气概和爱国情怀，没有敢于担当的风险意识，是写不出、写不好的。1875年乙亥，

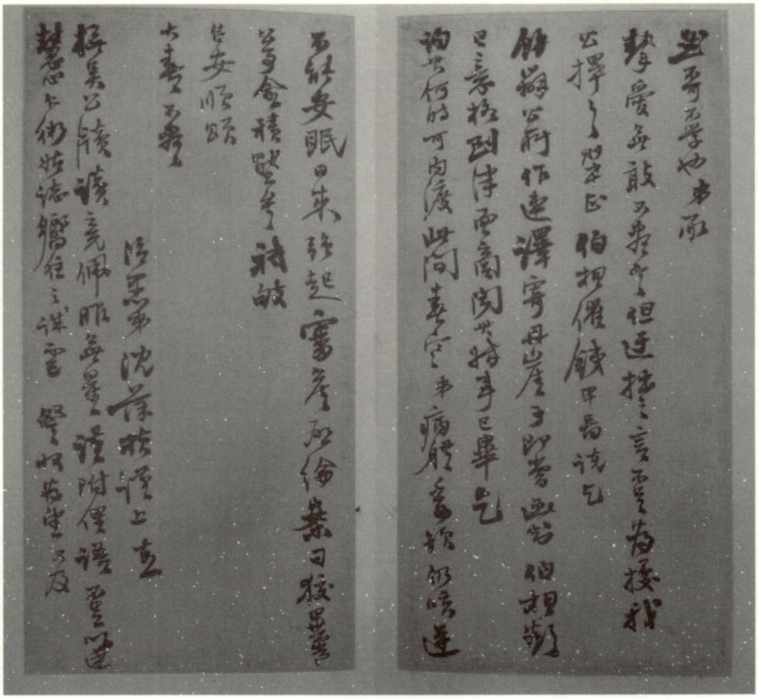

沈葆桢手札

沈葆桢二度巡台，进行善后治理，开禁、开府、开山抚番，写下了《告台湾山神祭文》。祭文四言一句，共142句。祭文申明开山大义，把巡台和善后治理的理念用祭文形式表达出来，一气呵成，气势磅礴，动情晓理，读后让人感怀。“昊穹伊始，群萌荒屯。圣哲阐释，尊区辟浑。章趾亥步，隔漠绝濛。”“赤嵌一岛，版章攸属。百年有余，熏陶染沐。”“如何东人，海中之国。敢背盟言，肆其毒螫。称戈修矛，潜图边域。既戕我番，罔有安集。”“今奉帝命，伐木刊山。”“维我国家，普遍怀柔。”“神其鉴临，与国咸休。”

沈葆桢书法有明显的个人风格。从沈葆桢的往来书信中可以看到，他涉猎的面很广，既有王羲之一路的面貌，又有魏碑、章草和颜真卿的味道。他的书法，常常在认为该加重的地方重重一笔，像是画龙点睛，十分醒目。信札中经常可以见到其重按的笔致，其楹联表现得更为明显。这重重一按，其笔势、笔意耐人寻味。写出来的字，也颇有俏皮幽默之感。后人评价他的书法出自颜真卿，可以和何绍基平分秋色。

在那个被洋人掣肘的动荡年代，沈葆桢挥洒着自己的才华，为民族自强、自立，建海军、固海防，为那段屈辱的历史浓墨重彩地挥洒了一笔足以让中华儿女扬眉吐气的华彩乐章。

延伸阅读

1. 沈岩：《船政学堂》，北京：科学出版社，2007年。

2. 金河：《清末船政大臣沈葆桢》，上海大学出版社，2007年。

3. 沈葆桢：《沈文肃公牍》，福建人民出版社，2008年。

4. 沈岩：《船政奏议全编》，北京图书馆出版社，2011年。

5. 王庆元，王道成：《沈葆桢信札考注》，成都：巴蜀书社，2014年。

后　记

福建，山海相拥，人杰地灵，人文荟萃，英才辈出，产生了许多伟大的思想家、文学家、教育家、科学家和民族英雄、爱国先驱、革命将士、时代楷模。他们的教育成长、道德品行和思想文章，是福建的宝贵精神财富，教育和激励着一代代福建人努力学习、奋勇前行。福建省社会科学界联合会组织编写的“福建历史文化名人丛书”，以福建历史名人为题材，古今结合，意在从高处着眼、从基础着手，普及人文社会科学知识，促进人文道德养成，使社会科学知识走进大众、走进生活、走进现实，让更多的人了解福建历史名人，弘扬优秀传统文化，增强福建文化影响力和感染力，为建设文化强省添砖加瓦。

“福建历史文化名人丛书”（第二辑）所包含的李贽、宋慈、郑樵、柳永、黄榦、蔡襄、辜鸿铭、林觉民、沈葆桢、陈宝琛10个人物故事，记录了福建文化之于中国历史的影响，同时也以人物史的叙述方式生动地展现出中国人文精神的风骨和传统文化的传承。人物篇以人物生平为线索，在故事中体现传主的学问、事功、道德，凸显他们在中华文明进程中的重要作用，深入挖掘和阐发其内在精神，从而激起读者爱国爱乡的强烈情感，使之成为涵养社会主义核心价值观的重要源泉。

这套丛书以广大群众为读者对象，尤其是各年龄段的学生群体以及受过中等教育的读者，他们对这些历史名人的认知，大多来源于历史课本、乡土教材、文化景点和博物馆，很难形成具体、深入、系统的认识。丛书深入浅出，雅俗共赏，通过一个个生动精彩的故事带领读者走进福建历史，走入人文社会科学的知识殿堂，融故事性、知识性、趣味性、可读性于一体，对提升大众的阅读水平，普及社会科学知识、提高人文社会科学文化素养和思想道德素质有着积极的作用。

福建省社科联党组书记、副主席冯潮华对编撰出版工作提出明确要求，给予大力支持。省社科联党组成员、副主席缪建萍亲自指导本书的策划和编写。省社科联从事社科普及工作的缪旭明、杨文飞、林彤、李培錩等具体组织实施本丛书的编撰出版工作。

刘小新、林国平、刘传标等专家学者对丛书写作大纲和书稿进行了认真审读，并提出了许多很好的意见和建议，在此表示感谢！

由于编撰出版时间紧，经验和水平有限，疏漏在所难免，敬请广大读者批评指正。

编委会

2017年2月